WESTEND

Für Iris

David Höner, 1955 in der Schweiz geboren, arbeitete nach seiner Kochausbildung fünfzehn Jahre als Koch, Küchenchef und Caterer. Journalistisch ist er seit 1990 für Radio, Fernsehen und Printmedien und als Autor von Hörspielen, Radiofeatures und Theaterstücken tätig. Langjährige Auslandsaufenthalte führten ihn 1994 nach Quito, Ecuador, wo er als Mitarbeiter in Kulturprojekten (Theater, Radio), in Entwicklungsprojekten und Gastrounternehmer aktiv wurde. 2005 gründete er die Hilfsorganisation Cuisine sans frontières (CSF). Zuletzt erschien von ihm »Kochen ist Politik. Warum ich in den Dschungel gehen musste, um Rezepte für den Frieden zu finden« (Westend Verlag, 2019).

DAVID HÖNER

# KÖCHE, HÖRT DIE SIGNALE

Ein kulinarisches Manifest

WESTEND

# Inhalt

Mit Beiträgen von Doris Dörrie, Eckart Witzigmann, Maria Groß, Sandra Knecht, Birgit Reitbauer, Romana Echensperger, Robert Mangold und Franz Keller

# Auftakt

Ein Gespenst geht um in der Welt. Das Gespenst der Entfremdung von uns selbst.

Wie konnte es so weit kommen, dass die elementarsten Bedürfnisse des Menschen hinter fast undurchsichtigen Schleiern verborgen sind? Der Blick auf das Wesentliche ist verstellt, überliefertes Wissen vernebelt, einfachste Fertigkeiten sind verloren. Es soll Kinder geben, die eine simple Schuhbandschleife, den Kreuzknoten, mit dem man Schuhe bindet, nicht mehr beherrschen, die noch nie eine Kartoffel gekocht haben, geschweige denn einen Kartoffelacker von einem Zwiebelfeld unterscheiden können. Der urbane Mensch erkennt einen reifen Apfel nicht mehr am Geruch, weiß kaum, dass Käse aus Milch hergestellt wird und wie viele Eier ein Huhn in einer Woche legen kann. Huhn oder Hase? Kohlrabi oder Karotte? Was ist was?

Die Natur erscheint dem vermeintlich auf der Höhe des Zeitgeistes fliegenden Hipster als dreidimensionales Schaubild, das er bespaziert. Bewundernswert und faszinierend. Doch die reale Funktionalität dieser planetaren Schöpfung, das Bewusstsein, dass wir dafür eine Verantwortung tragen, ist kaum vorhanden. Unrealistische Bilder geistern durch das digitale Weltbild der verlorenen Seelen, die, ohne es zu merken, in einem wirren Zickzack durch das Labyrinth von falschen und wahren Informationen stolpern. Sie streben Zielen zu, die längst nicht mehr eigenem Denken entsprungen sind, sondern von überaus geschickten Verführern, einfacher noch: von raffinierten Verkäufern entworfen werden. Nicht das Wohl des Bauches, nicht die Zufriedenheit des Gemütes und nicht die Freude an der Gemeinschaft stehen im Vordergrund der kommerziellen Offerten. Immer schneller verwirbeln sich die Angebote, Notwendiges und Nutzloses sind nicht mehr zu unterscheiden. Was gestern neu und faszinierend in den Konsumtempeln auftauchte, verliert schon bald seinen Glanz. Das ständige Verlangen nach mehr produziert die Gier, die eine unheilvolle Allianz mit künstlichen Wünschen, synthetischem Verlangen und unerfüllten Sehnsüchten eingeht. Sämtliche Medien stimmen ein in den lärmigen Chor, der noch mehr Katzengold auf Kauderwelsch anpreist. Es ist schwierig, fast unmöglich geworden, die Spreu vom Weizen zu trennen. Im Kokon einer Scheinwelt, die sich uns als eigentliches Habitat unseres Selbst präsentiert, verliert sich der Mensch. Er transformiert zum Homo consumens, der Galaxien bewohnt, die nicht bewohnbar sind und schon gar nicht real existieren. Ernten, ohne zu säen, ist hier die Regel.

Dieses Ungleichgewicht zwischen Produktion und Konsum setzt eine Klassengesellschaft voraus. Hinter klangvollen Namen verbergen sich Produzenten, die sich dem Konsumenten nicht als Personen, sondern großflächig als Firma, als Konzern präsentieren. Während der Prolet sein Industriebrot im Supermarktregal, einplastifiziert und lange haltbar, erwirbt, schlendert der Hedonist durch die Holzofenbäckereien der Fußgängerzonen. Eine Biodinkelbrezel, ein organisches, naturbelassenes Roggenbrot, ein Apfelstrudel mit garantiert ungespritzten Früchten: alles da. Es war schon immer etwas teurer, einen exklusiven Geschmack zu haben. Doch wie in einem Bienenvolk die Drohnen im Herbst von den fleißigen Arbeiterinnen hinaus in den Tod gejagt werden, so besteht ständig die Gefahr, dass sich die urbanen menschlichen Drohnen eines

Tages als überflüssig erweisen und ihre Existenzberechtigung verspielt haben. Was soll es für Gründe geben für die Bauern, Arbeiter und Angestellten, den mit Luxus gestopften Lebensstil der selbsternannten Eliten weiter zu ermöglichen, wenn es dereinst zum Drohnendonnerwetter kommt? Der ungebremste Egoismus der westlichen Zivilisation ist nur aufrechtzuerhalten, indem man den indischen oder afrikanischen Bauern den Zugang zu ähnlichem Tun nachhaltig verwehrt. Dabei wird die »westliche Werteskala« immer unkenntlicher. Während Abertausende Hektar gesunder Landschaften, Weiden, Wälder, Gewässer dank einer »überlegenen« Technologie geradezu selbstmörderisch zugrunde gewirtschaftet werden, regt sich der Widerstand gegen diese Machenschaften. Nicht nur bei den zahlreichen ausgebeuteten Völkern, wo ein klares Bewusstsein für die eigene Situation spürbar wächst, es gibt auch in den Reihen der modernen Zivilgesellschaften Stimmen, die das bedrohliche Menetekel erkannt haben. Zwar ist es nicht einfach, die falschen von den richtigen Mahnern zu unterscheiden, doch dass etwas getan werden muss, um dem andauernden Wachstum Zügel anzulegen, ist heute lebensnotwendig geworden. Hoffnung auf eine bessere Welt, in der sich das Gesetz der ständigen Gewinnmaximierung als der Popanz, der er ist, entlarvt, ist durchaus vorhanden. Auch ist der technologische Fortschritt im Informationszeitalter nicht einfach des Teufels. Wissen ist ein Völker verbindendes Element, das allen zugänglich ist. Und vereint sind wir stark.

Dafür oder dagegen zu sein, ist das Eine, Falsches vom Echten zu unterscheiden, das Andere. Um dies zu leisten, braucht es einen Blickwinkel, der, einfach und verständlich, eine gemeinsame Ausdrucksweise, ein gemeinsames Verständnis fördert. Der kleinste gemeinsame Nenner ist dem Frieden zuträglich. Die Entwicklung guten Lebens darf nicht über sich ständig erweiterndes Wachstum definiert werden. Eine bedingt wissenschaftliche, dafür an unseren wirklichen Bedürfnissen orientierte evolutionäre, metaphysische und spirituelle Betrachtung kann Türen öffnen.

Man hört immer wieder, dass eine Entscheidung aus dem Bauch heraus getroffen wurde. Soll heißen: auf den Bauch gehört wurde! Nicht bloß Fakten, das Gefühl, die Intuition sollen mitbestimmen. Wenn auch Bauchentscheidungen als wenig seriös gelten, so sind sie es doch, die bei zahlreichen, ja sogar bei den meisten Entscheidungsfindungen eine zentrale Rolle spielen und unserem Denken und Handeln die Richtung weisen. So kommen wir zur Gastronomie. Das Wort Gastronomie, so ein heutiges Lexikon, lässt sich auf die eigentliche Bedeutung »Magenkunde« (altgriechisch: gastronomía) zurückführen. »Gastronomía« wiederum setzt sich zusammen aus »gastor, gastrós« (deutsch: »Bauch, Magen«) und der Wortendung -»nomia« (»Fachgebiet«). Ursprünglich wurde es entlehnt aus »Gastrología« (der Lehre von der Pflege des Bauches).

Es geht also um die Lehre von der Pflege des Bauches! Damit eng verknüpft ist die Kulinarik, die Kochkunst. Einfacher gesagt: Es geht um Essen und Trinken.

Wie gehen wir heute – ganz real – mit unserem Bauch um? Darauf richtet sich der Blickwinkel des kulinarischen Manifests. Der Blick auf die wahrscheinlich elementarste Tätigkeit jedes Erdenbewohners. Ein Blick auf den Status quo.

Ich bin selbst Koch von Beruf. Ich habe mich ausführlich mit der Zubereitung von Essen beschäftigt. Doch das heißt nicht, dass ich ein irgendwie geartetes Monopol habe. Kochen ist eine Tätigkeit, die von jedermann und jederfrau ausgeübt wird, und gehört zum Alltag. Wirklich? Gibt es hinter Küchenschränken und Kochtöpfen vielleicht mehr zu entdecken? Ich bin nicht der Einzige, der davon überzeugt ist. Den Faden einmal aufzunehmen und ihm ohne Scheuklappen zu folgen, führt durch geradezu unendliche, längst erforschte und doch wieder vergessene Gebiete. Von den Höhen der Berge über weite Ebenen zu Meeren, durch Wüsten und Küchen. Die kulinarischen Fertigkeiten sind der Spiegel der Gesellschaft. Ob öffentlich oder in den Familien. Ob karg oder üppig. Von der mit Steinen umgebenen Feuerstelle hin zur Mikrowelle. Kochen ist Handwerk, Identität, Erinnerung und Sinnlichkeit.

# GASTRONOMEN UND GASTGEBER

1

Der Satz »Essen und Trinken ist nicht alles, aber ohne Essen und Trinken ist alles nichts«, lehnt sich an Willy Brandts berühmtes Bonmot an: »Frieden ist nicht alles, aber ohne Frieden ist alles nichts.« Traurig ist, dass dieser wuchtige Satz in den Köpfen derjenigen, die uns und unser Leben dirigieren, in den Köpfen der Politiker, der Gewerkschaftler, der Philosophen, der Lehrer und Professoren sowie der staatlichen Verwaltung nur eine untergeordnete Rolle spielt. Was dazu führt, dass eine Tatsache kaum je umfassend bedacht wird: dass nämlich die Gastronomie der größte Arbeitgeber der Welt ist. Trotz täglicher, ja fast stündlicher Kontakte mit den Dingen, die uns mit Bezug auf die Gastronomie begegnen, nehmen wir nur einen schwachen Abklatsch dessen wahr, was uns buchstäblich am Leben erhält. Mit Ignoranz verzichten wir darauf zu begreifen, was uns bei Fahrten über Land oder auf dem Arbeitsweg durch die Stadt ständig begleitet. Seien es die Bauernhöfe mit ihren Tieren, die Obstplantagen, Weinberge, die Getreide- und Gemüsefelder – unsere Sinne sind mit anderen Dingen beschäftigt. In der Stadt sind uns die kleinen und großen Geschäfte, vom Supermarkt bis zum Tante-Emma-Laden, die Restaurants, die Bäckereien, Metzgereien, Molkereien, Weinhandlungen höchstens ein paar banale Gedanken wert. Täglich nehmen wir unsere Mahlzeiten ein, allerdings ohne dem Vorgang allzu viel Beachtung zu schenken. In einer Welt, in der das Sprichwort »Zeit ist Geld« die Zwangsjacke beschreibt, in der wir stecken, sind die zivilisatorischen Werte, von denen jeder gerne spricht, nicht in den Äckern, Ställen oder Kochtöpfen zu Hause. Zeit ist zu kostbar geworden, um sie mit Kauen und Schlucken zu vertrödeln, schon gar nicht mit langwierigen Arbeiten auf dem Feld oder in der Küche. Handwerkliche Berufe wie Koch, Kellner, Bauer, Metzger, Fischer, Bäcker, Käser und Müller genießen in den gesellschaftlichen Rangordnungen kein besonders hohes Ansehen.

Lebensmitteltechnologen, Ernährungswissenschaftler, Agraringenieure sind sich allerdings nicht zu schade, ihre theoretischen Kenntnisse ungefragt und von praktischem Tun unbeleckt in allerlei Foren und mittels großmäuliger Publikationen unters Volk zu bringen. Ihre größte Bedeutung haben sie in gefährlicher Weise in der industriellen Nahrungsmittelproduktion erlangt. Einer, der noch nie ein Huhn gerupft hat, kann mit Massenprodukten, die den Geschmack und das Handwerk beleidigen, zum dauerhaften und gut geölten Wirtschaftswachstum beitragen. »Kentucky Fried Chicken« ist so ein multinationales Unglück.

Dennoch gehören auch diese Funktionäre, die sich weltweit mit der Entwicklung von Massenware zur Ernährung beschäftigen, zu der unendlichen Heerschar von Menschen, die sich mit Essen und Trinken, mit Gastronomie also, ihren Lebensunterhalt verdienen. Es gibt daher eine direkte Verbindung zwischen der bäuerlichen Großmutter, die für den Wintervorrat Zwetschgen einweckt, und dem jungdynamischen Wissenschaftler im weißen Kittel, der aus minderwertigen und natürlich billigen Zutaten einen Schokoriegel elaboriert. Eine »süße Versuchung«, die in der Herstellung wenig kostet, aber mit dem richtigen Marketing allerhand einbringt. Auch der Designer, der die Verpackung kurzweilig gestaltet, und der Texter, der den packenden Slogan: »Mars bringt verbrauchte Energie sofort zurück!«, erfunden hat, gehören zur Liga der Gastronomen. Weil sie sich mit einem Nahrungsmittel und dessen Verkauf beschäftigen. Und davon leben.

Den Vorwurf, ich würde hier den Rahmen viel zu weit spannen, anerkenne ich nicht – denn auch ein Lokomotivführer kann insofern als gastronomischer Mitarbeiter gelten, weil er die Zuckerrüben güterwagenweise in die Raffinerie bringt. Tatsächlich ist im weitesten Sinn jeder ein Gastronom ab dem Moment, in dem er oder sie in irgendeiner Form etwas mit Nahrung zu tun hat. Ergo sind wir alle, egal was wir sonst tun, Gastronomen!

Natürlich gibt es Abstufungen. Die gastronomische Performance des Lokomotivführers ist vergleichsweise unbedeutend, wenn man sein Tun mit dem Wirken eines professionellen Gastgebers vergleicht. Dass Gastgeber auch zu den Gastronomen gezählt werden, ergibt sich allein aus der Tatsache, dass die Gastgeberei immer, wenn auch nicht ausschließlich, mit Essen und Trinken verbunden ist.

Jetzt Obacht! Hier liegen deutliche Unterschiede vor. Stellen wir uns den CEO eines multinationalen Unternehmens, zum Beispiel der Marriott-Hotelkette, vor. Ein Gastgeber von Format, ein Großhirsch unter den Gastgebern. In seinem Jahresbericht weist er mit Sicherheit darauf hin, wie viele Gäste in seinen Betten genächtigt, in seinen Restaurants gegessen haben. Tausende! Auch werden die Franchise-Nehmer von McDonald's stolz darauf verweisen, wie viele Burger über ihre Theke gewandert sind. Der Storchenwirt weiß genau, wie viele Portionen Gulasch mit Spätzle im Jahr an den Tischen seiner Gaststube serviert wurden.

Neben den Zahlen, der Quantität dieser Gastgeberei muss natürlich die Qualität dessen bewertet werden, was Gastgebertum eigentlich erst ausmacht. Dabei geht es um sämtliche Handlungen beim Empfangen und Betreuen eines Einzelnen oder mehrerer Personen. Mit oder ohne pekuniäre Gewinnabsicht. Der Gastgeber ist nur dann Gastgeber, wenn er diese Handlungen ausführt. Es braucht dazu also mindestens zwei Menschen. Man kann nicht sein eigener Gastgeber sein. So ist die Einladung zum Gulaschessen im Storchen für Tante Hildegard zu ihrem 67. Geburtstag, ausgesprochen von ihrem Neffen Balduin, ein balduinscher gastgeberischer Akt, der sich mit dem professionellen Gastgebertum des Storchenwirtes verbindet, um der genannten Tante eine Freude zu bereiten. Solche Doppelungen gastgeberischer Intention sind weitverbreitet. Diese Sicht auf die vielfältigen Erscheinungsformen des Gastgebertums zeigt uns, dass alle Menschen, von ganz wenigen Ausnahmen abgesehen, Gastgeber sind. Nicht immerzu, aber immer wieder.

Nach dem eben Gesagten stellt sich jetzt logischerweise die Frage, welche Pflichten und Aufgaben auf jeden Einzelnen von uns zukommen. Ist es nicht geradezu schwindelerregend, dass wir hier tatsächlich alle gemeint sind? Was hindert uns daran, nach dieser Erkenntnis zu handeln? Ist eine gastronomische Welt, in der wir uns wechselseitig als Gast und Gastgeber, als Produzent und Konsument bewegen, nicht eine bessere Welt? Besser und wichtiger als jede globale Streitkultur, die uns mit hausgemachten Problemen in ständige Konflikte treibt, die in Wahrheit so überflüssig sind wie ein Kropf.

### Und dazu eine Geschichte:

Ich bin auf dem Land aufgewachsen. In einem damals noch bäuerlichen Dorf mit knapp 3000 Einwohnern. Mein Vater war evangelischer Pfarrer, meine Mutter Hausfrau. Wir sind drei Kinder. Ich bin der Nachzügler, meine Geschwister sind mir einige Jahre voraus. Unsere nächsten Nachbarn waren der selbstständige Schreiner Laukemann und der große landwirtschaftliche Betrieb von Bauer Kunz. Obst- und Ackerbau, Kühe, Schweine, Hühner und Kaninchen. Vom Bäcker Baumann holte man das Brot und sonntags auch mal Kuchen. Fleisch und Wurst kamen vom Metzger Bleibler, der einmal in der Woche schlachtete. Das Schlachthäuschen; fünf Minuten zu Fuß von unserem Haus entfernt. Die Tiere kamen von den Höfen der Umgebung. Da gingen wir Buben hin, um zu schauen, wie es geht mit dem Metzgen. In der Molkerei wurde aus Milch Käse, Butter, Joghurt und Quark. Bei der Einkaufsgenossenschaft VOLG gab es Reis, Schnaps, Wein, Kaffee, Teigwaren, Bohnerwachs und alles andere, vom Besen bis zum Kohleanzünder. Das wichtigste Gasthaus hieß Hirschen, Gartenwirtschaft und Festsaal.

Zu Hause kochte meine Mutter jeden Tag. Hausmannskost. Der experimentierfreudigere Koch war mein Vater, der an wenigen Sonntagen im Jahr in der Küche fuhrwerkte. Fernsehen gab es bei uns nicht, damals in den 60er-Jahren des letzten Jahrhunderts. Man hörte Radio. Nachrichten und im Nähzimmer meiner Mutter manchmal auch die Kochsendung, in der Gugelhopfrezepte und Tipps zum Essiggurken-Einlegen eine Rolle spielten. Sie kochte nicht leidenschaftlich, aber gut und preisbewusst. Fleisch gab es nicht täglich. Viel kam aus dem eigenen Gemüsegarten, in dem auch ich ab und zu jäten oder Gläser mit Bier aufstellen musste. Dort krochen die Schnecken hinein und ersoffen. Diese Schneckengräber mussten später eingesammelt werden und waren eklig. Salate, Karotten, Kohlrabi, Erdbeeren, Rhabarber, Lauch, Tomaten und Stangenbohnen, ab Mai bis weit in den Herbst gab es immer etwas zu ernten. Im Garten stand ein Apfelbaum mit »Berner Rosen«, am Spalierbäumchen an der sonnenseitigen Hauswand wuchsen ein paar Pfirsiche. Ein riesiger Mostbirnenbaum schüttelte zur Reifezeit winzige saure Birnen ab. Brombeeren gab es ohne Ende. Im Herbst kauften wir bei den Bauern Äpfel, Gemüse und Kartoffeln, die unten im Keller in hölzernen Hurden gelagert werden konnten. Auch Hasel- und Baumnüsse. Im Keller stand auch der Kohleofen. Damit heizte Vater das Haus. Am Sonntag wurde manchmal ein Zopf gebacken, Butter, Eier, weißes Mehl. Ein Genuss.

Der Gewürzschrank war nicht sehr ergiebig. Salz, Pfefferkörner, Kümmel, Wacholder, Paprika und ein paar getrocknete Kräuter. Ansonsten gab es Kräuter aus dem Garten, Oregano, Thymian, Liebstöckel, Rosmarin, Basilikum, Schnittlauch und Petersilie. Olivenöl gab es nicht, Avocados waren unbekannt. Die einzigen Früchte, die nicht aus der Umgebung stammten, waren die Zitronen. Wenn die Kirschenzeit anbrach, zogen wir Kinder um die Felder, klauten Kirschen und aßen sie, bis wir blaue Lippen hatten. Aprikosen, Zwetschgen, Pflaumen, Mirabellen waren saisonal. Kurz vor Weihnachten dann die exotischen Orangen, Bananen und kernreiche Mandarinen. Bäcker Baumann buk Lebkuchen und Christstollen. Zum Trinken gab es Apfelsaft, die »Großen« tranken Wein.

Der Hirschenwirt und seine Familie arbeiteten hart und waren wohlgeachtete Leute. Sie sang im Kirchenchor, er war in der Feuerwehr und gemeindepolitisch aktiv. Im Hirschen wurden die gängigen Feste gefeiert. Am eindrücklichsten erinnere ich mich an die »Metzgete« im November, wobei fette Schweine hofgeschlachtet wurden – und es hub an ein großes Blut- und Leberwurstessen mit Kartoffeln, »Öpfelschnitz«, Dörrbohnen, Sauerkraut, Speck und Schweinereien aller Art. Vorwinterliche Völlerei.

In der Schule erhielten wir Kinder ein sogenanntes »Pausenbrötchen«. Vollkornmehl, Rosinen und Nüsse waren eingebacken. Dazu ein Glas mit Beerensaft gesüßte Molke.

Heile Welt, nicht wahr? Bio gab es nicht. Auch wenn nicht alle Lebensmittel aus der Umgebung kamen, wusste man mehr oder weniger, was von welchem Acker, aus welchem Stall stammte. Die Schweine hatten Auslauf im Sommer, im Winter blieben sie, wenn nicht geschlachtet, im Stroh im warmen Stall. So auch die Milchkühe und die Rinder. Auf jedem Hof stand ein Misthaufen als Düngervorrat für die Felder. Die Obstbäume wurden mit Brennnesseljauche gespritzt.

Wenn ich heute die Köche von »saisonal« und »regional« reden höre, bin ich nicht wenig erstaunt darüber, dass diese Konzepte als ach so besonders verstanden werden sollen. So bin ich aufgewachsen, so kenne ich es und es erscheint mir normal. Allerdings erschrecke ich schon, dass alles in den letzten Jahren eine geradezu umgekehrte Richtung genommen hat. So ist das Regionale und Saisonale nun plötzlich der Ausnahmefall. Aber der Bauernhof von Kunz wird immer noch bewirtschaftet. Der Hirschen heißt immer noch Hirschen, großzügig renoviert mit Garten und dem Festsaal, der hölzern museal wirkt. Auch wenn Bäcker Baumann, Metzger Bleibler, der VOLG und die Molkerei verschwunden sind, einige landwirtschaftliche Betriebe sind noch da. Eine Kartoffel ist immer noch eine Kartoffel und eine Zwetschge eine Zwetschge. So ist es und so wird es auch bleiben. Auch wenn sie jetzt im Supermarkt verkauft werden.

# KOCHEN ALS MENSCHENRECHT

2

Wer sich auf einen ungemütlichen Rundgang durch arme ländliche Gebiete, urbane Elendsviertel und Flüchtlingslager dieser Welt begibt, erlebt Erschreckendes. Die Menschen, die unter solchen Umständen leben, haben sich dieses Schicksal nicht ausgesucht. Die Gründe, warum es zu solchen verelendeten Ballungszentren kommt, sind meist bekannt: Umweltkatastrophen wie extreme Trockenzeiten oder Überschwemmungen, die Hungersnöte zur Folge haben, kriegerische Auseinandersetzungen, der Zusammenbruch einer von Gier und Korruption geprägten Ökonomie, ethnische Säuberungen, religiöse Zwistigkeiten, kapitalistische Raubzüge, denen Grund und Boden, Wälder und Felder zum Opfer fallen. Dennoch gäbe und gibt es Lösungen – sie werden von Hilfsorganisationen ausgearbeitet. Die UNO versucht gegenzusteuern, Hilfswerke sammeln große Summen Geld, aber scheitern oft bei der Umsetzung. Der politische Wille fehlt, die Opfer haben keine Stimme.

Es fehlt an allem. Sanitäre Anlagen sind selten, Trinkwasser muss irgendwo geholt werden und ist kaum trinkbar. Abwassersysteme sind, so es denn welche gibt, mit Abfall vollgemüllt. Es fehlt an medizinischer Versorgung. Infektionskrankheiten verbreiten sich ungehindert. Verdienstmöglichkeiten sind oft nur im illegalen Graubereich zu finden. In miserablen Quartieren leben auf wenigen Quadratmetern große Gruppen von Menschen. Kinder, Frauen, Männer, Alte und Kranke. Es fehlen Kindertagesstätten, betreute Plätze für Senioren und Kranke, Beratungsstellen für traumatisierte Menschen, die alles verloren oder nie etwas gehabt haben. Von geschützten Ruheplätzen oder gar Freizeitangeboten ist nicht zu reden. Einkaufsmöglichkeiten oder wenigstens Orte, wo Notwendiges für den alltäglichen Gebrauch günstig oder unentgeltlich erhältlich wäre, sind rar. Kleidung oder Schuhe sind Luxus. Anstelle von Straßen gibt es nur staubige oder schlammige Pfade. Öffentliche Verkehrsmittel sind, falls überhaupt vorhanden, unzureichend und teuer. Die Häuser sind mehr oder weniger Ruinen, zurechtgezimmert aus billigsten Materialien, Plastikplanen, Dachlatten, Lehmziegeln. Sie bieten kaum Schutz vor bitterer Kälte, Regen, Schnee oder stechender Sonne.

Eine Privatsphäre gibt es nicht, das Eigene, das Selbst existiert nicht mehr.

»Denn die einen sind im Dunkeln
und die andern sind im Licht
und man siehet die im Lichte
die im Dunkeln sieht man nicht.«

Bertolt Brecht, *Die Dreigroschenoper*

In Zeiten, in denen niemand mehr behaupten kann, er hätte von nichts gewusst, könnte man annehmen, dass sich diese Missstände (zumindest die allergrößten) verändern lassen. Doch wie?

Wir können davon ausgehen, dass sich das kreative Potenzial jedes Menschen gerade unter unerträglichen Bedingungen ständig mit der Frage beschäftigt: »Wie komme ich hier raus?« Offenbar ist aber von außen kaum wirkliche Hilfe zu erwarten. In der Welt »im Licht« dreht sich vieles um das eigene Selbst. Um die Karriere, ums Einkommen, um Statussymbole. Die Nachrichten von fremder Not dringen nicht durch die Elefantenhaut derjenigen, deren größte Angst der Verlust ihrer Privilegien ist. Das Quäntchen sozialen Engagements, das bei den Privilegierten neben der Hypothekenlast und der Sorge um die eigene Gesundheit durchaus noch vorhanden ist, verbraucht sich schnell. Immerhin, es wird gespendet. Das ist nicht zu unterschätzen. Es liegt viel Geld in den Kassen der Hilfswerke. Oft ist Überleben abhängig von Gütern, die von weit her in die »dunklen« Gebiete geliefert werden. Aber eben, es reicht dann knapp zum Überleben. Es ist also an den Betroffenen, Auswege zu suchen, sich aus ihrer Notlage zu retten. Dazu braucht es ein gesundes Selbstvertrauen, einen Glauben an die eigenen Fähigkeiten. Doch woher nehmen, wenn der Bauch knurrt? Wenn alle Energie dafür gebraucht wird, sich seine Handvoll Reis, seinen Teller Bohnen zu erobern? Die Ausgabe von Suppen in Armenküchen aus 100-Liter-Kesseln ist der erste Schritt: Kalorien sind elementar. Andererseits ist Essen aber mehr als Brennstoffaufnahme.

Erstaunlicherweise geht alles, wie ich es persönlich erlebt habe, sofort besser, wenn in einer Ecke ein eigener Herd steht – und sei es nur eine Feuerstelle, an der man kochen kann. Eine gut organisierte Verteilung von Lebensmitteln, die dem kulturellen Hintergrund der Hungrigen entsprechen, damit sie sich ihre eigenen Mahlzeiten zubereiten können, ist erforderlich. Mehl, Salz, Öl, Gemüse und Fleisch. Eine solche Verteilung ist zwar eine logistische Herausforderung. Aber sie ist zu bewältigen. Sofort entstehen unter den Menschen, die sich an diesen Ausgabestellen einfinden, Gruppen, die selbst kochen und sich kreativ entfalten. Die Kochstellen: ein Gastank, ein robuster Gasherd mit vier Flammen und ein Backofen. Zu jedem Herd ein paar Töpfe, Schüsseln, Teller und Tassen, Messer, Gabeln und ein Wasserbehälter. Das kostet nicht alle Welt. So entsteht um jede Küche eine Gruppe.

»Eine gute Küche ist das Fundament allen Glücks«, so hat das der Großmeister Auguste Escoffier seinerzeit gesagt. Daran gibt es bis heute nicht viel zu rütteln.

Was passiert nicht alles um so einen kleinen Herd herum? Zuerst wird gestaunt, das gute Stück aus dem dicken braunen Karton geschält. Dann werden die Schläuche und das Druckventil für den Gastank gesucht und ganz unten in einer durchsichtigen Plastiktüte gefunden mit einer kurzen Anleitung dazu, wie das mit dem Herd jetzt zu funktionieren hat. Der dicke gelbe Gastank steht auch schon da. Im anderen Karton, dem kleineren, glänzen drei Töpfe und die Bratpfanne vor sich hin. Verpackt sind auch die drei Küchenmesser, die Suppenkelle und die Bratschaufel, ein paar Lappen und Putzmittel, fünf Teller, dazu fünf Schalen, Messer, Gabeln, Löffel und auch zwei größere Schüsseln. Alles Emaille mit grünen und orangenen Randmustern. Hübsch! Rückseitig steht: 武汉搪瓷厂

Was das wohl heißen mag, fragt einer in der Runde. Der Onkel nickt. »Chinesisch!«, sagt er und nickt noch einmal. Dann beginnt er mit den Schläuchen und dem Druckventil zu hantieren. Derweil hat seine Schwester bereits begonnen, eine Ecke des Zeltes frei zu räumen. »Da kommt er hin!« Der dritte und kleinste Karton enthält eine Flasche Öl, Salz, Zucker, Mehl, Tee, Linsen und Reis. Jetzt wird alles eingeräumt, gestapelt, abgewischt. Eine alte Holzkiste dient als Küchentisch. »Fertig«, sagt der Onkel, nachdem er den Schlauch unter dem Zeltrand durchgeschlängelt und an der Außenwand auf dem staubigen Boden die Gasflasche hingestellt und mit Plastik abgedeckt hat. »Fertig«, sagt er, stellt sich jetzt an den Herd und dreht an einem der Knöpfe. Es zischt leise. Die Schwester schiebt ihn zur Seite, Vaters Feuerzeug in der Hand, klickt, und mit einem »Blopp« hört es auf zu zischen. Eine kreisrunde blaue Flamme steht jetzt auf dem Herd. Der Onkel nickt. Die Schwester lächelt.

Beim Zelt der Lagerverwaltung steht ein Lastwagen, wo sich die Bewohner des Flüchtlingscamps Zwiebeln, Karotten und andere Lebensmittel für ihre Gruppe abholen können. Der Onkel war soeben da und kommt mit einem ganzen Sack voller Esssachen zurück. Jetzt, wo im brandneuen Topf die Zwiebeln angebraten werden, der Wassertank gefüllt danebensteht und ein wunderbarer Geruch nach und nach das Zelt erfüllt, erhebt sich tatsächlich Papa von seinem Feldbett, auf dem er seit drei Tagen liegt. Und zwar mit offenen Augen – und ohne ein Wort von sich zu geben.

Er stützt sich auf seinen Stock, den er braucht, nachdem er sich auf dem Weg hierher den Fuß verletzt hat, humpelt zum Herd, schaut mit großen Augen zu, wie die Schwester den Reis in die Zwiebeln schüttet. »Toll«, sagt er, bleibt stehen und schaut zu, wie gekocht wird.

Es braucht nicht viel Fantasie, um sich die Bedeutung des eigenen Herdes vorzustellen. Neben der simplen Aufgabe, Essen für die Gruppe zuzubereiten, übernimmt der Herd auch die Funktion einer kreativen Werkstatt, sorgt für eine Rollen- und Arbeitsteilung innerhalb der Gruppe, bildet den Ausgangs- und Mittelpunkt zum Thema Essen und Trinken. Jede Frau, jeder Mann, wer auch immer den Herd benutzt, kann nach ihren oder seinen Vorstellungen zur Gemeinschaft beitragen. Zutaten, die fehlen, aber die man benötigt, müssen auf findige Art und Weise gesucht werden. Sei es ein Büschel Koriander, eine Frucht oder ein Gewürz. Und schon sind die Zutaten irgendwie da. Die einzelnen Gruppen beginnen sich auszutauschen, man kann sich auch einladen. Oder zusammenlegen und eine Ziege kaufen. Der Onkel wird sie schon metzgen. Und so eine Ziege, mager oder nicht, gibt doch einiges her. Da werden die Nachbarn dazugebeten, sie bringen den Reis, das Brot, den Tee, die süßen Feigen, die sie von den Leuten im Dorf erhandelt haben. Es wird geredet, Erfahrungen werden ausgetauscht, Tischgespräche geführt. Eines führt zum anderen und zum Vielen. Gemeinschaft wird gefördert, gegenseitige Hilfe angeboten, soziale Kontakte ausgebaut bis hin zu einem Blick in die Zukunft – auf der einfachsten Ebene. So kocht die Schwester aus Fallobst Konfitüre und bringt sie ins Dorf, tauscht sie gegen abgelegte Kleider. Papa schnitzt Holzkellen, das kann er im Sitzen. Der Onkel geht mit dem Neffen Heuschrecken sammeln. Knusprige Snacks.

Zu einfach gedacht? Nein, überhaupt nicht! Die Hilfe zur Selbsthilfe entwickelt sich auf und neben dem Kochherd.

**Und dazu eine Geschichte:**

Ich war ein ganz normaler Junge, der sich manchmal noch spät im Dorf herumgetrieben hat. So mit sieben oder acht Jahren war mir das Entdecken meiner Umgebung, Spielen mit den Freunden aus der Nachbarschaft wichtiger als innerfamiliäre Pünktlichkeit. Nach dem schrecklichen Sprichwort »Wer nicht hören will, muss fühlen« setzte es dann Strafen. Kam ich also nach durchlebten, zeitraubenden Abenteuern schmutzig nach Hause, hörte ich die strenge Stimme meines Vaters: »Wie stellst du dir das eigentlich vor? Wir machen uns Sorgen, du hältst dich nicht an unsere Abmachungen. Du weißt doch, wann du zu Hause sein sollst! Jetzt aber stracks nach oben in dein Zimmer, ohne Abendessen. Die Zeit kannst du dir nehmen, einmal über dein Verhalten nachzudenken.« Hungrig saß ich dann auf dem Bett, hörte, wie im Esszimmer das Geschirr klapperte, und mir war zum Heulen. Der Hunger war weniger schlimm als das Gefühl, ein Ausgestoßener zu sein. Keiner wollte mich sehen, keiner interessierte sich für mich, und müde war ich auch nicht. Meist kam dann später doch meine Mutter oder die große Schwester zu mir und brachte einen Apfel und ein Käsebrot. Meine Wurst, die es zum Abendessen gegeben hätte, war wahrscheinlich kommentarlos von den anderen Familienmitgliedern verzehrt worden. So gemein!

In der Wohngemeinschaft in der geräumigen Altbauwohnung, in der ich später als junger Erwachsener lebte, gab es natürlich eine Gemeinschaftsküche. Wir hatten weder Wohn- noch Esszimmer. Die Küche war ständiger Ort der Begegnung. Nicht nur im Guten. Verschiedene Auffassungen von Putz- und Abwaschszenarien führten zu immer wiederkehrenden, zum Teil heftigen Diskussionen. »Wenn du ein sauberes Waschbecken haben möchtest, so putz es halt!« »Das waren meine Eier, meine Banane, und wo ist mein Speck?« »Wer die Milch wegsäuft, besorgt neue! Punkt! Und nicht erst in drei Tagen!«

Aber allein in seinem Zimmer wollte doch niemand sitzen. So werkten alle auf ihre Art in der Küche herum, mal murrend und knurrend, dann wieder verschwenderisch großzügig. Wir feierten gemeinsame Feste mit gemeinsamen Gästen. Es kam auch vor, dass sich ein verliebtes Paar mit Kerze und voller Hoffnungen an den Tisch gesetzt hat. Leise schlich der Mitbewohner dann zum Kühlschrank, nahm sich sein Glas Essiggurken und verschwand wieder, damit die in der eigenen Welt Gurrenden ihr unterbrochenes Gespräch wieder aufnehmen konnten. Und doch war die Küche unser öffentlicher Raum. Nirgendwo kam man dem Charakter seiner Mitbewohner einfacher auf die Spur.

Kennenlernen ohne Worte. Das Verwalten der Gemeinsamkeit, in der Familie noch hierarchisch aufgebaut, musste hier vor Kühl- und Küchenschrank im praktischen Tun gelernt werden. Gemeinsam gegen Fruchtfliegen und Müllabfuhrfahrpläne.

Gorgonzola, der offen auf dem Tisch stand, passte nicht zum Kaffeegenuss am Morgen, Brotbrösel auf dem gekachelten Küchenboden schleppte man unweigerlich ins eigene Bett, wenn der nächtliche Durst einen barfüßig zum kalten Mineralwasser getrieben hatte.

Vor die großen weltbewegenden Themen, die gerne und leidenschaftlich am Küchentisch besprochen wurden, schoben sich die vermeintlichen Nebensächlichkeiten wie Lippenstiftflecken auf den Weingläsern und die besetzte Mausefalle neben dem Mülleimer. Ach, was haben wir gestritten über diese Mausefallen. Die Guten wollten Fallen, in denen sich die Maus lebendig im zugeschnappten Käfig am alten Käse gütlich tun konnte, die Bösen plädierten für Fallen, in denen ein Hinrichtungsmechanismus das Genick der Maus zerschmettert. Fallen leeren und putzen war so oder so unangenehm. Die lebendige Maus draußen aussetzen? Hohngelächter der Scharfrichterfraktion. Die tote Maus das Klo hinunterspülen? Entsetzen bei den Mausfreunden.

Ja, so lernt man seine Pappenheimer kennen.

# VOM ROHEN ZUM GEKOCHTEN

3

Es gibt eine wissenschaftlich gesicherte These, die in ihrer Einfachheit überzeugt: Die Entwicklung des heutigen Menschen hat ihren Ursprung in der Ernährung. Es darf angenommen werden, dass die Wiege der Zivilisation neben einer Feuerstelle gestanden hat. Eben dort, wo Getreide gekocht und Mammutsteaks gegart wurden und wo man aus Wurzeln und wildem Gemüse nahrhafte Suppen machte. Als das Feuer von den ersten Menschen entdeckt und nutzbar gemacht werden konnte, nahm alles seinen Anfang. Die wichtigste Entdeckung in der Kulturgeschichte der Menschheit markiert den Unterschied zwischen Mensch und Tier. Bis heute gibt es keine anderen Lebewesen, die sich ihre Nahrung zubereiten, die räuchern, fermentieren und erhitzen, um Ungenießbares genießbar zu machen. Dies ist dem Menschen vorbehalten. Die Entdeckung des Feuers ist im eigentlichen und ursprünglichen Sinn der evolutionäre Schritt in die Zukunft, in der wir heute leben. Das Kochen hat uns zu dem gemacht, was wir sind. Der Homo gastronomicus war geboren, und von diesem Moment an konnte der Mensch damit beginnen, die Natur nach seinen Vorstellungen und Bedürfnissen zu gestalten.

Die sinnliche Erfahrung von Essen und Trinken ist der Schlüssel zu einem Universum möglicher Entfaltungen, welche Schritt für Schritt die ganze Bandbreite der kognitiven Fähigkeiten ausdehnen. Schon allein den Unterschied zwischen einer gekochten und einer rohen Kartoffel zu erkennen, ist für den Menschen ein entscheidender Faktor für seine von nun an immer komplexer werdende Ernährung, für seine gastronomische Menschwerdung.

Darüber haben sich viele interessante Intellektuelle ihre Gedanken gemacht. Richard Wrangham, der englische Primatenforscher und Anthropologe, veröffentlichte 2009 seine Arbeit unter dem Titel: »Catching Fire: How Cooking Made Us Human«. Darin beschreibt er ausführlich, wie die Aufnahme gekochter Nahrung es dem Körper einfacher machte, große Mengen kalorienreicher, leicht verdaulicher Nahrung zu sich zu nehmen. Fleisch und jede Art von Gemüse konnten durch das Erhitzen haltbar gemacht und damit Vorräte angelegt werden. Dazu kommt, dass die Veränderung von Essgewohnheiten bisher ungenießbare Lebensmittel wie die erwähnte Kartoffel oder die Tomate und unendlich viele weitere Energielieferanten auf den Speiseplan zauberte. Die Transformation roher Speisen in zubereitete Mahlzeiten war die Quelle vieler bisher ungenutzter Möglichkeiten, sich das große Angebot nutzbar zu machen, das die Natur bietet.

Der wichtigste Konsument der Kalorien, die wir unserem Körper zuführen, ist das Gehirn. Nachdem die Zufuhr an Nahrung in der Menschheitsgeschichte so weit gediehen war, dass wir, um zu überleben, nicht mehr den ganzen Tag und die ganze Nacht sämtliche vorhandenen Fähigkeiten aufwenden mussten, um zu schnuppern, zu graben oder zu jagen, konnte in der so entstandenen »Freizeit« das Gehirn sich anderen Aufgaben zuwenden. Auch eine weitere Veränderung war bedeutend. Das Essen wurde nicht mehr im Laufe kräftezehrender Aktivitäten quasi im Vorbeigehen so schnell wie möglich heruntergeschluckt, sondern veränderte sich mit dem Entstehen eines neuen Lebensmittelpunkts: der Küche. Dort brannte das Feuer an einem geschützten Ort. Die Beute der Jagd und die Erträge beim Suchen und Sammeln nach essbaren Dingen konnten erheblich effektiver genutzt und eingesetzt werden. Während sich die Jäger und Sammler entspannt zurücklehnten und wilde Geschichten von den abenteuerlichen Erlebnissen ihrer Beutezüge erzählten, machten sich andere daran, die Tiere zu häuten und zu zerlegen, die Karotten zu schälen und den Spinat zu waschen. Kern der versammelten Gesellschaft waren die Sippen, in denen die einzelnen Protagonisten lebten.

Arbeitsteilungen entstanden – und es mussten Regeln eingeführt werden. Wer war wofür verantwortlich? Die Möglichkeiten und Fähigkeiten der Gruppenmitglieder wurden definiert. Die Kreativität derjenigen, die Mahlzeiten zubereiten, ist eine andere als die Findigkeit eines Jägers. Dieser versteht Spuren zu lesen und mutig dem Wisent ins Genick zu springen, aber bei der Zubereitung eines Gâteau Saint Honoré scheitert er kläglich.

Am warmen Herd sitzend, wurden nun Pläne geschmiedet, Wissen ausgetauscht, Lieder gesungen und Bilder an die Höhlenwände gemalt. Zu diesen Ritualen gehörten bereits die festen Essenszeiten, zu denen sich alle versammelten, und das gemeinsame Mahl war sinnliche Freude und zugleich der soziale Höhepunkt des Zusammenseins. Wer die Bedeutung solcher Zusammenkünfte unterschätzt, sie gar nicht mehr wahrnimmt, findet sich heute im aufblühenden 21. Jahrhundert am Ausgabefenster eines Automatenrestaurants, wo man eine lauwarme Lasagne aus chemisch generierten Geschmacksstoffen kauft, die dann ganz alleine auf dem Fahrersitz des Maserati verzehrt werden darf. Guten Appetit.

Es ist anzunehmen, dass sich die evolutionäre Erinnerung im Kleinhirn gehalten hat. Die gemeinsame Mahlzeit, die mit den »Unseren« eingenommen wird, ist immer noch einer der stärksten Klebstoffe, die uns Menschen zusammenhalten. Es gibt keine Form der Zivilisation, die darauf verzichten kann. Die Fähigkeiten, solche Zusammenkünfte zu gestalten, sie zu genießen und dabei Pläne für die Zukunft zu schmieden, gehören zu den wichtigsten Werkzeugen jeder Kultur.

Alle Abwertungen der damit zusammenhängenden einfachen Handlungen graben die Grube, in die wir stolpern, wenn der Maserati wichtiger wird als die Enkelin.

Die Tätigkeit des Gastronomen hat auf der sozialen Skala bestenfalls einen Mittelplatz. Eine in den traditionellen Familien kochende Hausfrau wurde fast gänzlich aus dem Bewusstsein der »modernen« Mitbürger entfernt. Gerade die Frauen, welche die Küche in den Familien über Jahrhunderte gestaltet und immer weiter entwickelt haben, sind in die Bedeutungslosigkeit verbannt und durch den Mikrowellenherd ersetzt worden. Auf den Bauern, den Wirt, den Fischer, den Bäcker, den Metzger, den Koch wird herabgeschaut und deren Verdienstmöglichkeiten werden klein gehalten. Dienstleister eben. Sollte die Prosperität des Aktienmarktes wirklich eine größere Bedeutung haben als die Solidarität unter uns, als die gemeinsame Verantwortung für unsere Welt? Oberflächlich betrachtet, sieht es so aus. Aber in Zeiten großer Krisen kommen alte Werte zum Zug. Das Kleinhirn, das sich an bessere Zeiten erinnert, lässt sich nicht ausschalten. Gerade in der Krise weiß es dann wieder, wie eine gute Hühnersuppe zubereitet wird.

Ich schreibe diese Zeilen im Herbst 2020. Das Coronavirus hat sich breitgemacht und Millionen Menschen werden zu Hause eingesperrt, die Angstmacherei hat Hochkonjunktur. In den Tageszeitungen und Internetforen haben viele die guten alten Kochrezepte wieder ausgegraben. Ja, kocht euch doch mal was Schönes. Gegen Depressionen, miese Laune und anhaltende Ungewissheiten.

Auf der Suche nach den evolutionären Parametern der eigenen kulinarischen Gewohnheiten muss ich bekennen: Ich bin ein Allesfresser. Die Basis ist mein Geschmacksempfinden. Süß, sauer, bitter, salzig und das in unseren Breitengraden noch gar nicht so lange etablierte »umami« sind dabei die bekannten Aromen, die mir helfen, das Bekömmliche vom Giftigen, das Frische vom Verdorbenen zu unterscheiden. Oder vielmehr das Bekannte vom Unbekannten. Käse ist schließlich nichts anderes als eine auf gesteuerte, kunstvolle Weise verdorbene Milch. Das Gleiche gilt für vergorene und fermentierte Lebensmittel, dazu gehören der Wein und das Sauerkraut, die eingelegten Gewürzgurken und die asiatische Fisch- oder Sojasoße. Alles essbare Dinge, die in meinem Geschmacksuniversum verankert sind.

Größten Wert lege ich auch auf die Konsistenz dessen, was ich esse. Frisch gebackenes Brot ist eines dieser unschätzbaren Dinge, die ich nicht nur nach dem Geschmack beurteile. Knusprige Krume, weicher luftiger Inhalt verbinden sich mit dem Geruch von Sauerteig oder Hefe, und beim famosen Butterbrot kommt noch die cremige Substanz des Milchfetts dazu. Hafersuppe darf ein wenig schleimig sein, ein Frankfurter Würstchen sollte beim Draufbeißen knacken, genauso, aber anders die Essiggurke, derweil das Knuspern der frittierten Fish and Chips geradezu etwas national Charakteristisches ist: britisch eben. Ein gekochtes Stück Speck legt sich schmalzig und geschmeidig auf die Zunge, geschmorte Karotten haben Biss und sind doch angenehm zu kauen, ein Apfel kracht, eine Himbeere nicht. Kalt, warm und heiß sind weitere Merkmale, die beim Bewerten eines guten Essens eine ganz persönliche Rolle spielen. Der oder die Kochende muss die richtige Balance, die richtige Ausgewogenheit zwischen den Zutaten finden. Die Haptik der Zunge, die Kraft der Zähne. Zubereitung und Schnittarten sind mannigfaltig und gehören mit zum Gesamtbild. Kombinationen von Farben und Konsistenzen erfreuen, oder auch nicht, das Auge. Nicht zuletzt spielen auch Klima und Jahreszeiten eine

Rolle. Gebratene Esskastanien gehören zu Nebel und kühlen Wintertagen, Kirschen zum Hochsommer, und Löwenzahnsalat pflücken wir im Frühling.

Bevor ich mich auf etwas Neues einlasse, zieht mein Hunger das Gewohnte vor. Weil meine diesbezüglichen Erfahrungen schnell, und ohne dass ich nachdenken muss, mir sagen, was für mich gut ist. Alle Sinne beteiligen sich am Einordnen und Werten dessen, was vor mir liegt. Schließlich sind buchstäblich Hunderte von Generationen vor mir damit beschäftigt gewesen, aus dem Mikro- und Makrokosmos der Ernährungsmöglichkeiten das mir Liebste herauszufiltern. In Reichweite der familiär verankerten und mit positiven Erinnerungen verbundenen Lehren der Vorfahren. Großmutters Apfelstrudel, Opas Rehrücken, Tante Amelies Schokokekse und so weiter. Doch auch aus grauen Vorzeiten wehen Bratengerüche und Küchendüfte herbei. Es gibt uralte Gerichte. Eintöpfe, Honigkuchen, Gerstenbrei und vieles mehr gehören dazu. Und ganz wichtig: das Brot.

### Und dazu eine Geschichte:

Ein bürgerliches Mittagessen in unserer Familie. Sonntag im Frühsommer. Zürcher Oberland. Draußen scheint die Sonne. Am Tisch sitzen Mutter, Vater, drei Kinder zwischen 8 und 18 Jahren, Tante Erna und Onkel Kurt sind zu Gast. Die Tischdecke ist beige. Besteck, das gute alte Silber, liegt auf dem Tisch, das elfenbeinfarbene Rosenthal-Geschirr aus Familienbeständen ist im Einsatz. Wasser und Gläser für weißen wie für roten Wein stehen bei jedem Gedeck. Stoffservietten in hölzernen Ringen. In der Mitte ein kleines Blumengesteck. Ein Brotkorb mit Brot vom Bäcker Baumann, bereits in Scheiben geschnitten.

Das Mahl verläuft gemächlich, Mutter geht zwischen den einzelnen Gängen immer wieder in die Küche, um den nächsten Gang vorzubereiten.

Als Vorspeise kommt ein gemischter Salat, der zerzupfte Kopfsalat und das, was dazugehörte: frische geriebene Karotten, etwas Zitrone, Sonnenblumenöl, Weißweinessig, selbst gemachter Joghurt und gehacktes Kerbelkraut, gekochte Rote Bete, frisch gehackte Zwiebeln, weißer Pfeffer, Salz und wenig Zucker. Dazu noch drei Tomatenspalten, die ungewürzt auf dem Salat liegen, zwei Viertel von einem wachsweich gekochten Ei, ein paar gehackte Walnüsse, über den Salat gestreut ...

Aus dem Weinkühler auf dem Tisch, neben Vaters Platz, ragt eine Flasche Zürcher Riesling, fruchtig, trocken. Mineralwasser und Apfelsaft für die Jüngeren stehen auf dem Beistelltisch.

Das Zeremoniell wird eröffnet, nachdem sich Mutter gesetzt hat. Servietten werden entfaltet und auf die Knie gelegt. Wein wird eingeschenkt. Man prostet sich zu, wünscht einen guten Appetit. Vaters Gabeleinsatz dirigiert die Tischrunde.

Es wird schweigend gegessen. Danach stellt die Schwester die Teller und das gebrauchte Besteck zusammen und bringt alles in die Küche. Wein wird nachgeschenkt, erste Gesprächsrunde. »Wunderbar der Salat! Alles aus dem Garten? Wie geht es in der Schule? Was macht eigentlich der Onkel Fritz? Seid ihr in den kommenden Sommerferien wieder in den Bergen?«

Nichts Substantielles. Geplauder.

Mutter geht in die Küche.

Die Schwester kommt mit den vorgewärmten Tellern und legt sie geräuschlos auf ihren Platz. Geht wieder in die Küche. Vater verteilt die letzten Tropfen Riesling. Onkel Kurt: »Ein feiner Tropfen, der Riesling.« »Stadtkellerei«, sagt Vater und freut sich. Jetzt kommt die Flasche Tessiner Merlot, bereits vor einer Stunde entkorkt.

Mutter und Schwester bringen den argentinischen Schmorbraten:

Bratenstück von der Rindschulter, Schweinefuß vom Dorfmetzger, Rind von Bauer Kunz, vier Stunden geschmort in Rotwein mit Karotten, Zwiebeln, Roter Bete plus Knoblauch, Nelke, Lorbeer, Knollensellerie. Den Braten in Portionen aufgeschnitten und auf der vorgewärmten Bratenschüssel angerichtet. Die inzwischen gebundene Sauce noch einmal aufgekocht und um eine Handvoll in Portwein eingelegter Sultaninen und kleinen, in der Bratensauce gegarten Würfeln von roter und gelber Paprika angereichert. Ein Teil der Sauce wird direkt über die geschnittenen Bratenscheiben gegossen und mit grob gehackter Petersilie bestreut. Der Rest in der Sauciere auf den Tisch gestellt.

Es folgt die Schüssel mit Kartoffelbrei. Mehlige Kartoffeln, mit Milch und Butter gekocht, zerstampft, fest und breiig zugleich, die sich im Teller zu einem kleinen Hügel platzieren lassen. Mit der Schöpfkelle wird eine Mulde in den Kartoffelbrei gedrückt, in die dann Bratensauce gefüllt wird. Ein »Seeli«, schweizerdeutsch für »kleiner See«, ist eine weitverbreitete Gewohnheit.

Die dritte Schüssel, gedeckt, enthält den gedämpften Fenchel nach dem Geheimrezept meiner Mutter (die natürliche Süße des Fenchels, kombiniert mit geriebener Zeste einer Orange und Kokosfett ist ein Gedicht. Der Fenchel darf noch leichten Biss haben).

Die drei Schüsseln werden vor den Vater platziert. Er füllt dann die Teller nach einer festgelegten Reihenfolge. Tante Erna, Onkel Kurt, Mutter, großer Bruder, Schwester, kleiner Bruder (ich), sich selbst. Die »Seeli«-Mulde darf dann jeder selbst aus der Sauciere füllen. Vaters Gabel gibt den Einsatz. Schweigen, ab und zu darf ein lobendes Wort fallen: »Wunderbar zart!« »Der Fenchel ist aber etwas ganz Besonderes!« »Raffiniert, diese Sultaninen!« Nach und nach werden die aufgetragenen Speisen verteilt. Es ist genug da. Fülle gehört zum Konzept. Erst wenn alle höflich abgelehnt haben, sich nachlegen zu lassen, beginnt das Ritual des Abräumens. Jetzt liegen nur noch die glänzenden Dessertlöffel vor dem Gast. Aus der Küche hört man Geschirr klappern.

Als alle Schalen leer sind und nach dem Dessert, das ich jetzt ausgelassen habe, sich bauchvolle Zufriedenheit wie eine spirituelle Glocke über den Tisch gesenkt hat, erhebt sich die Tischgesellschaft und disloziert in den Garten. Das Wetter ist zu schön. Im Schatten des Apfelbaumes steht der Gartentisch, an den sich die Erwachsenen zum Mokka hinbegeben. Die Jugendlichen und das Kind (ich) gehen derweil in die Küche, um den Abwasch zu machen. Abwaschen bedeutet dabei nicht, die Teller und Gläser, die Schüsseln, Töpfe und Pfannen, die Gabeln, Messer und Löffel zu spülen und aufeinanderzustapeln, bis sie vom lieben Gott getrocknet werden. Nein, alles wurde im warmen Wasser mit Spülseife geschrubbt, mit heißem Wasser nachgespült, abgetrocknet und in der Anrichte an seinen Platz versorgt. Der Schmortopf aus Gusseisen, in dem der Braten gegart worden ist, wurde mit dem »Kupferblätz« grob gereinigt, mit dem »Abwaschlumpen« nachgeputzt, mit dem »Abtröchnigstüechli« getrocknet, mit etwas Kokosfett eingerieben und dann auf die mit Zeitungspapier ausgelegte Ablage im Küchenschrank gestellt. Das Teil war uralt und sah aus wie gestern gekauft.

Ganz wichtig war es auch, das »Abtröchnigstüechli« nicht mit dem »Handtüechli« zu verwechseln. Das wäre ein Grund zur Rüge gewesen. Doch wir alle kannten den Ablauf, kannten Werkzeug und Küchengeräte, wussten, dass Messer nicht nass in die Schublade kamen und dass das Besteck besonders sauber und trocken versorgt werden musste. Die Küche war in bestem Zustand, wenn wir sie verließen.

Die Freizeit konnte beginnen.

## Doris Dörrie: Handarbeit

Freunde schwärmen seit einiger Zeit von ihrem neuen Universalwunderküchengerät, als seien sie bereits im Zustand des Nirwana. Sie brauchten NICHTS selbst zu machen, schwärmen sie, nie mehr selbst Hand anzulegen. Irre, murmele ich, Wahnsinn – aber eigentlich bestürzt es mich, dass sie nun nie mehr schnippeln, kneten, rühren, ausrollen, raspeln, rühren, wenden, zupfen, reiben, passieren usw. werden. Meine Hände, die sonst nicht viel mehr dürfen, als auf Computertasten zu hauen oder auf polierten Oberflächen hin und her zu wischen, können es (anders als der Rest von mir) oft kaum erwarten, in die Küche zu gehen. Sie stürzen sich auf alles, was sie in die Finger bekommen, am liebsten möchten sie jede Nudel einzeln ausrollen, Hunderte von Wan Tan formen, jede Beere einzeln auf den Teller zupfen. Sie hassen handarbeitsfreie Tage, an denen es zum Beispiel nur Spaghetti mit Sauce gibt. Statt tatenlos ihrer Besitzerin zuzusehen, genießen sie es, sich tatkräftig in der Gegenwart aufzuhalten. Sie schwören auf die Maxime, dass es allein darum geht, tatsächlich die Karotte zu schneiden und sonst gar nichts. Sonst wirklich gar nichts. In einer Welt, die ständig von uns etwas anderes will, als dass wir mit unserem Körper in der Gegenwart anwesend sind, ist es eine große Erholung, wenn ich nur auf meine Hände und die Karotte achte. Ja, ja, natürlich ist das der alte Zen-Schmäh: Wenn du die Karotte schneidest, dann schneide nur die Karotte. Das wurde bereits in Thermomix-Vorzeiten formuliert, anscheinend war es da auch schon schwierig, nicht abgelenkt zu sein. Heute wird es zu einer regelrechten Entscheidung, die Karotte selbst zu schneiden. Hilfe. Noch eine Entscheidung mehr im Meer von Entscheidungen. Ständig sollen wir uns entscheiden, jede Entscheidung ist letzten Endes eine Entscheidung für den Konsum, auch den digitalen Konsum.

Konsumieren leitet sich vom lateinischen *consumere* ab und bedeutet interessanterweise verbrauchen, verschwenden, erschöpfen. Wir sind zu erschöpft, um zu kochen. Aber wenn meine Hände kochen dürfen, bekommen sie und damit ich wieder mehr Energie. Ich komme zurück in meinen Körper, der am Ende meine einzige verlässliche Verbindung zur Welt bedeutet. Wie riecht etwas: Wie schmeckt etwas? Wie fühlt es sich an? (Ganz nebenbei: Mit einer Himbeere über die Wange zu streichen, fühlt sich an wie ein samtenes Pferdemaul. Probieren Sie's aus!) Frei zu sein von Handarbeit ist immer noch unser Traum, als müssten wir alle als Maurer schuften oder dreimal am Tag eine Großfamilie bekochen. Unser Leben ist nicht mehr so. Zum Glück. Aber ganz ohne Handarbeit werden wir nicht unbedingt freier. Die Karotte, die ich selbst schnipple, hält mich davon ab, mit meinem Daumen über endlose Welten auf Bildschirmen zu streichen, die wie ein unablässiger Traum an mir vorbeiziehen, ohne dass ich jemals in meinem eigenen Leben ankomme. In der Küche anzukommen, klingt nicht besonders glamourös und nicht unbedingt nach Traumurlaub. Aber tatsächlich in meinem eigenen Leben samt Karotte anwesend zu sein, ist ein ziemlicher Trip.

# HANDWERK HAT GOLDENEN BODEN

4

Das Handwerk liegt am Boden. Nicht auf dem goldenen, auf dem es laut einem Sprichwort früher gestanden hat, sondern auf dem staubigen. Ein ständig steigender Bevölkerungsanteil ist auf der tertiären Bildungsstufe angekommen. Tertiäre Bildung ist – für den, der es noch nicht weiß – ein Abschluss einer höheren Fachschule, einer Universität, Kunst- oder Musikhochschule oder einer pädagogischen Fachhochschule. In der Schweiz rechnet man bis zum Jahr 2045 mit einem tertiär gebildeten Anteil von rund 60 Prozent der Bevölkerung, 2015 sollen es bereits 40 Prozent gewesen sein. Allein aufgrund dieser Zahlen kann man davon ausgehen, dass der Elternspruch »Das Kind soll es einmal besser haben als wir« sich mit dem eindeutigen Wunsch verknüpft, aus dem Nachwuchs einen Direktor und nicht etwa einen Arbeiter zu machen. Bei den genannten Zahlen vernachlässigen wir ungefragt die reichsten 10 Prozent, die sich ihre Vermögen untereinander, unberührt von allen Bildungsfragen, einfach mal so weitervererben. Es bleiben 30 Prozent, die keinen Bürotisch in der Chefetage haben bzw. haben werden. Viele Häuptlinge, keine Indianer.

Diejenigen jungen Frauen und Männer, die sich einem Handwerk zuwenden und das auch noch ausüben, stehen in der Bildungsklassengesellschaft »unter« den Hochschulgebildeten. Jaja, sie arbeiten mit den Händen, nicht mit dem Kopf. Der Zahltag der Kopfarbeiter soll dann bitteschön auch dementsprechend üppiger ausfallen. Aber irgendwer muss das Brot backen, die Hemden nähen und die Haare schneiden, um nur drei Beispiele zu nennen.

Es gibt in Deutschland 130 handwerkliche Ausbildungsberufe. Früher waren es mehr. Eine ganze Reihe von klassischen Erwerbstätigkeiten ist ganz oder fast ganz untergegangen. Etwa Gerber, Nagelschmiede oder Wagner sind kaum mehr zu finden – außer in der Nische »Kunsthandwerk«. Dort sind auch diejenigen Köche zu Hause, die uns aus den Plattformen der sozialen Medien, den Kochportalen, Kochshows und gedruckten Illustrierten entgegenlachen. Quasi die Sahne auf der Milch der Köche. Immerhin stehen denen die Türen zu höheren Weihen offener als zum Beispiel Maurern oder Lastwagenfahrern. Die Köche stehen nämlich für die Kochkunst. Da gibt es Meriten zu gewinnen. Weil Kunst! Man denke nur an »Tintenfisch mit Erdbeeren im Blattgoldmäntelchen« oder an »Sauerkraut mit Bourbon-Vanille und Schokochips«. Frechheit siegt.

Dazu fällt mir Erwin Stocker ein. Ich habe vor Jahren ein Interview mit dem »Chef der alten Garde« gemacht. 13 Jahre lang hat er die Küche im Victoria-Jungfrau Grand Hotel in Interlaken geführt. Auf meine Frage, ob er Kreativität als eine wichtige Eigenschaft für den guten Koch bewerte, antwortete er eher unwirsch mit »Nein«! Das Handwerk zu erlernen, sei der wichtigste Schritt. Nicht, sich in Fantastereien zu verlieren. Mit solchen Köchen sei nichts anzufangen. Chef Erwin Stocker ist heute 83 Jahre alt und kocht und kocht und kocht. Und immer noch mit großer Lust.

Handwerkerstolz finden wir in den übrig gebliebenen Handwerker-Innungen. Diese Berufsorganisationen reichen zum Teil bis ins Mittelalter zurück. Zünfte, in denen sich verwandte Berufe zusammenschlossen. Sie vertraten die Interessen der jeweiligen Gewerbetreibenden, reglementierten Ausbildungen, mischten sich in politische Diskussionen ein, schufen eigene Rituale, Lieder und uniformähnliche Arbeitskleidungen. Praktisch jede Branche hatte ihre eigene Zunft. Politische Relevanz haben sie heutzutage gerade noch für die eigenen Mitglieder. Zwar gibt es sie noch, die kleinen und mittleren Handwerksbetriebe, aber die industrielle Konkurrenz produziert günstiger. Egal, ob es um

Hemden, Stühle oder Schuhe geht. Ein maßgemachter Schuh ist auch in Deutschland zu haben. Doch er kostet sagenhafte hundert Mal mehr als die Billigsneaker vom Schuhdiscounter. Die althergebrachten Handwerkervereinigungen sagen dazu gar nichts mehr. Die Ökonomen und Betriebswissenschaftler umso mehr. Siehe oben – tertiäre Bildung.

Was ist aus den alten Gilden geworden? Sehr schön kann man das beobachten bei den Zürcher Zünften. 12 davon entstanden als Handwerksvereinigungen im 14. Jahrhundert, weitere 14 Zünfte gründeten sich im 19. und 20. Jahrhundert und sind verschiedenen Stadtquartieren zugeteilt. 1989 entstand die Gesellschaft zu Fraumünster, eben keine Zunft, sondern eine Gesellschaft, die aus zünftigen Frauen besteht. In den 12 alten und 14 neueren Zünften wurden und werden nämlich keine Frauen aufgenommen. Sie nennen sich übrigens »Zoifter«, was Zunftsprech für Zünfter ist und den Eingeweihten markiert. Die Hauptveranstaltung der Zünfter ist das »Sechseläuten«, ein zum großbürgerlichen Spektakel gewachsener Zürcher Identitätsbeweis, der genau das zeigt, was die Zünfter sind: eine elitäre Formation von nepotischen, meist reichen und eingebildeten Stadtzürchern, die sich selbst feiern und abends in den Zunfthäusern, alle natürlich in teuerster Innenstadtlage, großartige Besäufnisse durchführen. Mit gut gefüllten Lampen torkeln sie dann, sich gegenseitig besuchend und selbst beweihräuchernd, durch die nächtlichen Straßen. Da dürfen die Fraumünstergesellschaftlerinnen nicht mittorkeln. Weil sie Frauen sind.

Mit den alten Handwerkergilden haben sie alle nichts mehr zu tun. In den Reihen der Zunftmitglieder sind die Handwerker nur noch eine kleine Minderheit. Man(n) hat ja studiert. Was haben Banker und Rechtsanwälte schließlich mit der Schmiedezunft am Hut? Nicht selten ist man neben der Zunft in einer der nicht-, frei- oder pflichtschlagenden traditionellen Studentenverbindungen eingeschrieben. Freimaurer ist man auch noch gerne, aber damit hält der brave rechtslastige Zürcher Patriarch hinter dem Berg. Der Verrat an den alten Zielen und Themen der Zünfte ist praktisch komplett. Weder schützen sie die Interessen der Berufsleute, auf die sie sich gerne als Gründerväter berufen, noch übernehmen sie innerhalb der Gesellschaft entsprechende Funktionen. Daran ändern auch gelegentlich aufflackernde Almosenaktionen nichts – wie altes Brot für die Elefanten im Zoo oder warme Socken für Nackthunde auf der Bahnhofstraße.

Warum ich diesen Leuten so viel Platz widme? Weil sie für den Niedergang des Handwerks stehen. Nicht für den Erhalt, sondern für die Abkehr von den Werten, die sie heuchlerisch für sich in Anspruch nehmen. Und man darf sich nicht täuschen: Hinter den Kostümen, den Blumensträußen und dem Feuer auf dem Sechseläutenplatz stehen effiziente Interessenverbände, deren Absichten nicht freundlich, sondern in erster Linie protestantisch, geschäftstüchtig sind. Zünfter werden kann denn auch nicht jeder. Die Aufnahmebedingungen sind für Ausländer, Nichtzürcher und Linke nicht zu erfüllen.

Ähnliche Vereine und Verbände finden sich in vielen Städten geschichtsbewusster Industriestaaten. Mit bunten Trachten und traditionellem Brimborium vernebeln sie die Sicht darauf, dass die handwerklichen Dienstleistungen, die eigentliche Produktion und eigene Wertschöpfung schon längst dem Zugriff jener entzogen worden sind, die eine solche Leistung erbringen können. Kettenrestaurants haben die traditionellen Wirtshäuser ersetzt. Gastronomen, die selbst wirtschaften wollen, kämpfen mit überhöhten Mietpreisen und exorbitanten Personalkosten. Sie müssen, um konkurrenzfähig zu bleiben, industrielle Halbfertigprodukte einkaufen. Deswegen schmeckt die Spargelsuppe im ganzen Land gleich. Dasselbe gilt für die Agrarproduktion. Auch wenn auf Packungen mit Mehl eine goldgelbe Weizenähre prangt, ist das Produkt alles andere als naturbelassen. So wenig wie der Inhalt einer Wurst, auf deren Banderole eine rosige Jungsau lacht.

Es ist zumindest betrüblich zu sehen, wie sich in den Zünften Immobilienmakler und Manager von Chemiekonzernen mit den Insignien der Bäcker und Schneider ein bodenständiges Image verleihen, während sie diesen Gewerben gleichzeitig den (goldenen?) Boden unter den Füßen stehlen, indem sie Werkstätten und Kapital zur Gewinnmaximierung in Billiglohnländer und Steuerparadiese verschieben.

Warum sollte jemand noch Handwerker sein wollen? Wo doch die akademische Laufbahn prestige- und verdienstträchtiger ist. Was die Frage nach dem Rang auf der gesellschaftlichen Werteskala betrifft, ist je nach Herkunft und Person der Schaden leicht zu beheben. Gerade in ländlichen Gegenden sind es immer noch Bauern und Gewerbetreibende, die den Ton angeben. Wenn der Dachdecker, der meine Scheune neu überdacht hat, in den Gemeinderat gewählt wird, so habe ich zu ihm eine andere Beziehung als zu den Politikern in den anonymen Städten. Man achtet sich auf dem Land, arbeitet zusammen, und jeder kennt die Bedürfnisse der Gemeinde. Familiäre Betriebe, Gasthöfe, Schreinereien, Bauunternehmen oder Kaufläden sind nicht selten über mehrere Generationen in den gleichen Händen, werden von den Großeltern auf die Eltern und deren Kinder vererbt. Womit der klare Blick auf die vertraute Umwelt mehr oder weniger gesichert ist. Der Schreiner baut Möbel aus Nussbaum oder Kirsche, dem Holz von Bäumen, die er selbst hat wachsen sehen.

Jammere ich hier vergangenen Zeiten nach? Aber soll man denn so einfach das Eigene aufgeben?

Natürlich kann man es übertreiben, wenn man in jedem chinesischen Stofftier den Teufel sieht und im härenen Hemd im Wald herumstreift und sich kümmerlich von Wurzeln und Bucheckern ernährt. Das muss nicht sein. Mit einem Blick auf vergangene, positive Erfahrungen und mit etwas Hirnschmalz lassen sich jedoch Wege erkennen, die so neu auch wieder nicht, aber begehbar sind.

Eine funktionierende Dorfgemeinschaft, die sich selbst erhalten kann, ist ein Traum aus der Vergangenheit. In unseren Breitengraden kaum noch anzutreffen. Städtische Verhältnisse sind anders. Die Gemeinschaft, in der 40 Prozent Akademiker leben, von denen keiner mehr einen Garten umgraben oder ein Kotelett braten kann, ist keine mehr. Untergeordnete Dienstleister übernehmen den alltäglichen Kram. In den Agglomerationen gibt es keine Einkaufsläden mehr, keine Dorfkneipe und keinen Kaminfeger. Die Siedlungen legen sich wie wuchernde Parasiten um die Städte, von denen sie sich recht und schlecht ernähren. Architektonische Alpträume, die für sich allein nicht überleben könnten. Ich rede nicht von Slums. In Mietkasernen wohnt hier die untere Mittelschicht mit dem steten Ehrgeiz, möglichst schnell »vorwärts zu kommen«. Die Ausbildung zum Facharbeiter ist ein Weg dazu.

Eine Hinterlassenschaft der Handwerkerinnungen ist das duale Ausbildungssystem. Ein Lehrling wird in einen Betrieb aufgenommen, arbeitet praktisch mit den Gesellen und den Meistern und geht pro Woche einen Tag in die Berufsschule. Dort holt er sich das theoretische Wissen zu seinem Fachgebiet. Nach drei oder vier Jahren schließt er mit der Gesellenprüfung ab und betritt den Arbeitsmarkt. Solange er oder sie ungebunden – will heißen: ohne Familie – ist, wird er oder sie sie sich an verschiedensten Orten umsehen und berufliche Erfahrungen machen. Später kann er oder sie sich irgendwo niederlassen, die Meisterprüfung ablegen und sich selbstständig machen. Karriere in einem größeren Betrieb passt auch. Geschafft. Die Frauen und Männer, die solche Lebenspläne verwirklicht haben, stehen mit beiden Beinen auf dem Boden, kennen ihr Metier, ihre Fähigkeiten und ihre Grenzen. Eingefügt in eine Lebensgemeinschaft mit Anderen, die ähnliche Konzepte verfolgen, bilden sie den Kern einer Gruppe, die den Anforderungen der Region, des Klimas, der Ernährung, der Wirtschaft gewachsen ist. Sie bilden einen Stamm. Und gehören zu denen, die gemeint sind, wenn man davon spricht, dass nur Stämme überleben werden. Die Mitglieder tun das, was sie verstehen und können. Unter ihnen gibt es Urahnen, Ahnen, Mütter, Väter, Onkel und Tanten, Anführer und Künstler, Handwerker und Musiker, Heilkundige, Krieger, Lehrer, Apotheker, Priester, Politiker usw. Die Kunst, eine so ausbalancierte Übereinstimmung in einer Gruppe zu kreieren, hat ihren Schlüssel im kollektiv-solidarischen Begreifen des Ganzen. Gesundes Menschsein, ehrliches Handwerk, miteinander Denken. Bei allem und allen bleibt die Gastronomie, einfacher gesagt: die Küche, der Mittelpunkt. Essen hält Leib und Seele zusammen. In einer Gesellschaft sind gemeinsame Feiern, gelebte Gastlichkeit und die Pflege einer kulturellen Identität der Kitt, der alles zusammenhält. In der Mitte steht der Herd, der alle ernährt.

Drumherum spielt das Leben.

»Volksfeste«, bei denen das Volk gerade mal als Claqueur geduldet wird, wo als Metzger verkleidete Bankdirektoren Bonbons in die Menge werfen, Frauen kein Mitspracherecht haben, gehören abgeschafft. Und damit zugleich die aktuelle urbane, stehlende und betrügende Klasse, die, extrem individualistisch geprägt, mit selbsterfundenen Pseudoszenarien selbstgedrucktes Geld verdient. Kneipenverbot!

So – und nur so – werden die verschobenen Wirklichkeiten wieder an ihren angestammten Platz gerückt.

### Und dazu eine Geschichte:

Mit 17 Jahren begann ich meine Lehre als Koch. Meine Lehrstelle hatte ich nicht selbst gesucht. Es war mein Vater, der sich schlau machte, zusammen mit seinem Bruder Fritz, der mich aus- und hinterfragte, ob ich den Wunsch, Koch zu werden, auch ernst nähme. »Das ist ein ganz harter Beruf, David, das musst du wissen. Geschenkt wird dir nichts.« Ich hatte keine Ahnung, was einen harten von einem weniger harten Beruf unterschied.

Das Restaurant, in dem ich meine Lehre beginnen sollte, lag nur knappe 10 Kilometer vom Elternhaus entfernt in Schwamendingen. Das »Mövenpick Überland« war weder ein Feinschmeckerlokal noch eine Quartierbeiz, es bezog seine Existenzberechtigung daraus, im gleichen Gebäude zu existieren, in dem einer der größten Schweizer Autoimporteure seine Verwaltungs- und Verkaufsräume hatte. Dieser Autohandelsknotenpunkt sorgte für Kundschaft. Der Betrieb gehörte zu einer Restaurantkette. Mövenpick-Restaurants gab es in den größeren Städten der Schweiz, einige auch in Deutschland.

Der Unterzeichnung des Lehrvertrags ging ein Vorstellungsgespräch und eine Betriebsbesichtigung voraus. Meine Eltern waren zu diesem Anlass mitgebeten worden. Natürlich fand diese Begegnung am Nachmittag statt. Außerhalb der Servicezeiten. Als wir eintrafen, saßen die Betriebsverantwortlichen an einem runden Tisch im Gastraum beim Espresso. Der Geschäftsführer, ein, wie ich später erfuhr, ehemaliger Panzerfahrer der deutschen Wehrmacht, der Küchenchef, hager, knochig mit einem blonden Bocksbart, und der Chef de Service, elegant im dunkelblauen Anzug. Die Begrüßung war steif, ein flottes Gespräch kam nicht zustande. Die Welt der Gastroprofis und die meiner pfarrhäuslichen Eltern waren zu verschieden. Nach einer Stunde war die Begegnung vorbei, der Vertrag unterschrieben. Ich würde während meiner Lehrzeit, damals gerade mal 2 1/2 Jahre, weiter bei meinen Eltern wohnen und täglich hin- und herpendeln. Mit einem Moped.

Einen Monat später fuhr ich mit meinem nagelneuen Puch zum ersten Mal zur Arbeit. Kochkleider, feste Arbeitsschuhe und die Vorstellung, dass an diesem Tag mein Leben als Erwachsener beginnen würde, brachte ich mit. Eine halbe Stunde nach meiner Ankunft trug ich zum ersten Mal die weiße Kochjacke und die schwarz-weiß karierte Hose und saß auf einem Hocker neben der Treppe im Untergeschoss. Neben mir ein 25-Kilo-Sack Zwiebeln, die ich schälen sollte. Weiter wurde ich nicht beachtet. Um 11.30 Uhr setzten sich die Küchenbrigade und die Kellner zur 30-minütigen Mittagspause in der kleinen Kantine zusammen und schaufelten das Personalessen in sich hinein. Irgendein Eintopf, dazu kalter Tee oder Wasser. Mir gegenüber der Chef Entremetier, ein Berner, und der »Oberstift«, der älteste Lehrling. »Koch will er werden«, sagte der Chef Entremetier zum Oberstift, wies mit dem Kinn auf mich und beide grinsten.

Man schrieb das Jahr 1972, draußen war Frühling.

Die ersten sechs Monate waren grässlich. Ich hatte außer Gemüse rüsten, Herd putzen, Böden moppen, Tischunterkanten mit scharfen Putzmitteln reinigen und Lieferungen in die verschiedenen Kühl- und Lagerräume einräumen nicht viel gelernt. Der Laden lief gut und so gab es für die Küchenbrigade viel zu tun. Die Küchenmannschaft bestand aus zwölf Mitarbeitern, inklusive der drei Lehrlinge, draußen im Restaurant bedienten sechs Kellner. Dazu kam das Reinigungspersonal des Restaurants und im ersten Stock, schon fast bei den Autoverkäufern, residierten der Geschäftsführer mit Sekretärin. Rund 120 Plätze waren aufzudecken, oft zweimal während eines Mittagsservices. Am Nachmittag gab es ein ständiges Kommen und Gehen von Kunden, die Kaffee tranken, Kuchen und Snacks bestellten oder Autokäufe feierten.

Der Ton in der Brigade war, gelinde gesagt, rau. Die Kommunikation bestand aus Befehlen, die sofort bestätigt werden mussten. »Ja Chef!« Morgens erhielt ich einen Zettel, auf dem die Arbeiten, die ich zu erledigen hatte, notiert waren. Diese Zettel wurden schnell zum Alptraum. Es war einfach zu viel – und ich war einfach zu langsam. Die Köche forderten ein, was sie brauchten. Die Zutaten mussten ihnen zeitig auf ihre Posten gebracht werden, damit sie die Gerichte fertigstellen konnten vor dem mittäglichen Ansturm. Wurde es knapp, wurde es laut. Da war nichts mit »Bitte, David, bring mir doch noch den Kanister mit dem Erdnussöl, damit wir die Fritteuse mit neuem Öl auffüllen.« Eher klang es so: »Verdammte Scheiße, Stift, es ist viertel nach zehn und das Öl in der Fritteuse ist noch nicht gewechselt. Wofür stehst du überhaupt hier rum? Zu meiner Zeit hätte es einen Tritt in den Hintern gesetzt. Auf jetzt!« Die Kanister mit dem Arachidöl standen unten im Keller, ich wuchtete einen Kanister, 25 Liter, aus dem Gestell und schleppte ihn die Treppe hoch. Danke sagte dafür keiner. Die Küche im »Überland« war alles andere als eine Spielwiese mit netter Hintergrundmusik ...

Zwar war die Küche, dem Stand der 70er-Jahre entsprechend, modern und zweckmäßig eingerichtet, aber sie war doch nicht mehr als eine enge, ergotechnisch genau eingeteilte dreidimensionale Arbeitsfläche, auf der jedes Ding seinen Platz hatte. Der großplattige Elektroherd verströmte brüllende Hitze. Werkzeuge und Geräte, Messer, Pfannen, Töpfe, Schüsseln etc. waren um die Arbeitenden verteilt, sodass man alles in Reichweite der beiden Arme hatte. Kühlschubladen öffneten sich so, dass sie den Durchgang zwischen Herd und Anrichte versperrten. Das heißt, das Öffnen und Schließen dieser Schubladen war auf die Bewegungen der Köche abgestimmt. Oder man schrammte sich Schienbeine und Hüften. Die Abläufe mussten in eingeteilten Zeitabschnitten genau eingehalten werden, damit alles ohne zu stottern funktionierte. Stress wurde von oben nach unten weitergegeben und endete nicht selten damit, dass der Oberstift den »Neuen« tüchtig zusammenschiss. Ich weiß nicht mehr, wie oft ich den Tränen nah die vermaledeite Treppe in den Keller nehmen musste, um Fehler auszuwetzen. Kein sehr freundliches, pädagogisches Konzept, aber effizient. Learning by doing. Jeder in der Brigade stand von dem Moment an, in dem er seine Stempelkarte drückte, bis zum Arbeitsschluss unter Strom. Die Raucher, und sie rauchten alle, drückten sich draußen um die Abfallcontainer herum und saugten schnell und tief ein wenig Teer in die Lunge. Meine Hände waren ständig voller kleiner Wunden. Ich schnitt mich mit den Messern, verbrannte mich an den Ofentüren, klemmte mir die Finger in den schweren Kühlschubladen ein. Nach einem Arbeitstag war ich vollgespritzt, die Schürze stand vor Fett, die Schuhe bekleckert, das Küchentuch ein dreckiger Wischlappen. Nach sechs Monaten wollte ich vor allem eins: raus aus diesem Zirkus.

Als der Bocksbärtige dann fristlos gekündigt wurde, weil er einer Mitarbeiterin an die Wäsche gegangen war, wurde alles anders.

Der Wehrmachtsveteran stellte einen jungen Chef ein, unter dessen Fittichen ich zum Koch werden konnte und den Beruf zu lieben lernte. Jacky Donatz hieß er und ich nenne ihn heute noch Chef. Er war es, der aus der durch Zwang und Krampf zusammengeschusterten Küchenmannschaft jenes Orchester zusammenstellte, das plötzlich harmonierte.

Eine funktionierende Küchenbrigade, die Hand in Hand arbeitet, scheinbar ohne Stress die Anforderungen der Gäste erfüllt, die Qualität hält, kommt ohne laute Worte aus. Es läuft keine Hintergrundmusik, und doch liegt ein Zauber über der Gemeinsamkeit des Schaffens. Ziemlich rasch gelang es Jacky, aus dem »Überland«, das bis dahin eine bessere Kantine der Autoverkäufer war, ein Restaurant der gehobenen Klasse zu machen. Nach und nach kamen ganz andere Gäste, auch abends. Nicht, dass wir weniger Arbeit gehabt hätten, im Gegenteil. Die Mittagstische blieben weiter voll besetzt. Jacky nutzte mittags auch Convenience-Angebote. Edles Handwerk dann an den Abenden, an denen mit ganz anderen Zutaten klassische Menüs und Spezialitäten frisch zubereitet wurden. Wir Lehrlinge wurden mit einbezogen, auch wenn das bedeutete, dass wir unsere Freizeit oft im Betrieb verbrachten. Jackys Ehrgeiz war ansteckend, seine Liebe zum Beruf auch. Dementsprechend der Lerneffekt. Die gastgeberische Qualität des »Überland« fand Beachtung, anspruchsvolle Gäste tauchten auf. Die Autobranche hat ihre eigenen Götter – und spätestens als Clay Regazzoni, der Formel-1-Pilot von Ferrari, und sein Teamkollege Niki Lauda anlässlich eines Besuches in der Schweiz bei uns speisten, war eine Stufe erreicht, die uns alle mit Stolz erfüllte.

Ich schloss meine Lehrzeit im »Überland« mit Bestnoten ab. Das professionelle Zubereiten von Essen ist eine Folge von Tätigkeiten, die in sich einfach sind. Der wahre Prüfstein ist der, die Arbeit in einer Gruppe nach Fähigkeiten und Erfahrung jedes Einzelnen zu organisieren und dessen Anteil am Ganzen einzubringen. Das funktioniert über eine ganzheitliche Brigade von Profis. Der Saucier verlässt sich auf den Entremetier, der Garde manger kennt auch die Abläufe des Patissiers, des Poissoniers. Chef und Sous Chef dirigieren, springen ein und geben den letzten Schliff. Ohne gegenseitiges Vertrauen und Respekt läuft es harzig.

Die Lehrabschlussprüfungen fanden damals noch in den Lehrbetrieben statt. An ganz normalen Arbeitstagen, an denen die Küche die übliche Anzahl Gäste bewirtete. Ich bewegte mich in »meiner« Küche wie ein Fisch im Wasser. Die Chefs de Partie, die Commis und Jacky gaben mir beim Zubereiten des Menüs heimlich Tipps, halfen mir, die Speisen zu gestalten und anzurichten. Wir machten die Abschlussprüfung quasi gemeinsam. Und feierten danach zusammen.

Ich war Koch geworden.

CAVIAR

## Eckart Witzigmann

Grundsätzlich ist es wichtig, dass man sein Handwerk in einem guten Lehrbetrieb von der Pike auf lernt und dass man Auslandserfahrungen macht. Verschiedene Sprachen lernen gehört dazu.

Die Ausbildung ist heute eine andere als zu meiner Lehrzeit. Heute kommt alles ausgenommen, filetiert und vorbereitet in die Küchen. Wir haben noch gelernt, ganze Tiere zu zerlegen und zu verarbeiten. Die Ausbildung ist immer der Grundstein für jeden Koch. Das Grundwissen der traditionellen Küche darf nicht verloren gehen. Erst wenn man das hat und umsetzen kann, ist man fähig, seine Erfahrungen zu machen und seinen eigenen Stil zu entwickeln. Ich halte eine fundierte gute Ausbildung gerade in Zukunft für lebens-, ja überlebensnotwendig. Dabei wäre es auch sinnvoll, dass Themen wie Gewichtszu- und -abnahme, Allergien, Diätgefahren, Vegetarismus, medizinische Aspekte mehr beachtet werden. Zwar gibt es eine Menge Kollegen, die in diesen Bereichen engagiert tätig sind, doch sind hier vor allem die Berufsschulen gefordert. Sie sollten verstärkt diese Themen bedienen.

Ich kann zudem nur immer wieder den Geheimrat Goethe zitieren, der festhielt, »dass Reisen bildet«. Es schadet keinem ambitionierten Koch, wenn er nach seiner Lehrzeit in verschiedenen Betrieben Inspirationen einholt, viel in fremde Küchen eintaucht. Wenn er sensibel genug ist, erkennt er eines Tages, auf welchem Feld er sich wirklich wohlfühlt und wie er eine eigene Stilistik entwickelt. Wer sich sicher ist, belastbar zu sein, gewillt ist, Entbehrungen auf sich zu nehmen, und die Freude und den Willen hat, der hat sich einen einzigartigen und vielfältigen Beruf ausgewählt. Aber das braucht alles Zeit und manchmal auch Glück, im richtigen Moment an der richtigen Stelle zu sein.

Was haben wir denn seit Jahrhunderten auf unseren Tellern? Kurz gesagt: Fleisch, Fisch, Gemüse und Obst. Was permanenten Wandel erfährt, sind die Zubereitung und die Produktion. Beides ist Moden und neuen Techniken unterworfen, und die Intervalle des Wandels werden immer kürzer und intensiver. Anders gesagt: Die Inhalte verändern sich nur wenig. Was sich stetig verändert, sind die Form, Zubereitung, Präsentation und die Essgewohnheiten.

In der Praxis bedeutet das eine permanente Herausforderung. Wir werden schneller und intensiver auf wechselnde Bedürfnisse eingehen müssen, und falls es einen Trend geben sollte, ist der weder gemacht noch konstruiert, sondern er kommt von der Straße. Unsere Aufgabe ist es, darauf gut vorbereitet zu sein, die Welle zu spüren, wenn sie noch lange nicht sichtbar ist. Und dann unser eigenes originäres Ding zu machen. Wenn unsere Zunft aus der Zeitung erfährt, was auf sie zukommt, hat sie einen Fehler gemacht!

Aber ich bin mir sicher: Wer seine Hausaufgaben macht und nicht blind alles nachbetet, was die angeblichen Weisen so alles produzieren, wer sich auf sein eigenes Gefühl und Können verlässt, der wird auch in Zukunft vorne mitspielen. Und ohne zwei Voraussetzungen auch in Zukunft nichts passieren: Wir brauchen gute Produzenten bzw. Produkte und die Kreativität, mit ihnen perfekt umzugehen. Dann werden auch in Zukunft die Leute essen gehen, Geld dafür ausgeben, unsere Betriebe und Arbeitsplätze am Leben halten.

Allerdings sollte niemand ohne Einsatzbereitschaft und große persönliche Belastbarkeit in den Ring der Gastronomie steigen. Wer geregelte Arbeitszeiten und freie Wochenenden liebt, sollte besser draußen bleiben.

Ich finde es hilfreich für engagierte Leute, in der globalisierten Welt Erfahrungen zu machen und Eindrücke zu sammeln. Nur wer möglichst viele Stationen – darunter eben auch internationale – kennt, kann beurteilen, welcher Betrieb wirklich zu ihm passt und wo er am meisten lernt. Man sollte sich zwar schon durchbeißen und nicht bei jeder Kleinigkeit aufgeben, aber wenn man merkt, dass einem eine Station auf Dauer nichts bringt, muss man konsequent sein und wechseln.

Es gehört zu den Wesensmerkmalen des Kochberufs, besonders, wenn man ihn auf hohem Niveau ausüben möchte, dass man neugierig, wissbegierig und offen bleiben muss. Das bringt einen als Mensch, auch außerhalb des Berufslebens, weiter. Dann gilt für jeden Koch auch der wunderschöne Satz, der dem chinesischen Philosophen Konfuzius zugeschrieben wird: »Wähle einen Beruf, den du liebst, und du brauchst keinen Tag in deinem Leben mehr zu arbeiten.«

Vor 30 Jahren sind die Gäste in die großen Restaurants dieser Welt gepilgert und haben ehrfurchtsvoll gegessen, was ihnen serviert wurde. Da war alles neu, fremd und spannend. Heute weiß ich schon bei der Reservierung, was auf den Tisch kommt, woher die Produkte stammen und was es kostet. Da gibt es keine Überraschungen mehr. Wir leben in einer globalisierten Koch- und Genusswelt, es gibt immer weniger Geheimnisse. Der Gast von heute ist weit gereist, kennt alle digitalen Informationsmöglichkeiten und weiß, was er will. Er sucht sich gezielt sein Restaurant aus und glaubt manchmal, mehr zu wissen als der Koch. Vor 40, 50 Jahren waren wir Köche Missionare und die ersten Gäste Entdecker. Heute gibt es landauf, landab eine Fülle guter Restaurants und Gasthäuser, die

Gesamtqualität hat sich, auch außerhalb des Sterne- und Haubenbereichs, auf breiter Basis gesteigert. Und der Konsument hat ein gutes Produkt zu schätzen gelernt.

Am sichersten fährt man als Koch, wenn man mit den Jahreszeiten geht. Der saisonale Speiseplan ist immer noch der beste und preiswerteste Kompass, an zweiter Stelle kommt die Regionalität. Da muss ich allerdings anmerken, dass Regionalität nicht automatisch auch hohe Qualität verspricht. Das sind zwei paar Stiefel, die kurzen Wege sind das eine, die Qualität das andere.

Ich bin keiner, der mit erhobenem Zeigefinger durch die Welt läuft, eigentlich sollte jeder das essen, worauf er Lust hat und was ihm schmeckt. Wenn das dann noch saisonal und regional große Schnittmengen hat, umso besser. Jeder, der sich gesund ernähren und dabei munter bleiben will, sollte generell lieber weniger, aber Dinge von höchster Qualität zu sich nehmen.

Ich habe immer gesagt und will mich hier gerne wiederholen: Die Entdeckung von Genuss und Wertigkeit beim Essen ist kein Sprint, sondern ein nie endender Marathonlauf. Vor mehr als 20 Jahren habe ich in einem Interview behauptet, der größte Luxus der Zukunft werde sein, den Produzenten seiner Lebensmittel persönlich zu kennen. Heute würde ich ergänzen: Wir müssen beim Wort »Lebensmittel« dem Begriff »Leben« wieder mehr Bedeutung schenken.

Ich registriere, dass auf breiter Basis viel passiert. Aber parallel muss ich auch feststellen, dass in keinem anderen Land in Europa Geiz so geil ist wie in Deutschland. Und das hat natürlich Auswirkungen auf die Produzenten und ihre Produkte. Ein gutes Produkt wird immer seinen Preis haben. Aber wenn Milch billiger als Mineralwasser ist und ein Liter Olivenöl billiger als ein Liter Diesel, stimmen die Relationen nicht mehr.

Wer nur auf den Preis der Dinge schaut, der sieht zu wenig. Gutes Essen mit nachhaltigen Produkten ist keine Frage des Preises, sondern des Verhaltens. Wie sähe Ihr Teller aus, wenn Sie in Ihr Essen ungefähr so viel Zeit und Kreativität investieren würden wie in den Versuch, Level 27 bei einem Onlinespiel zu knacken? Wie viel sind Sie bereit, in gutes Essen zu investieren? Nicht nur an Geld, auch an Zeitaufwand und Phantasie?

## Maria Groß von der »Bachstelze« in Erfurt

Ich habe erst in Leipzig studiert, Germanistik und Philosophie. Dann bin ich nach Berlin gegangen. Am schwarzen Brett in der Uni fiel mir eine Anzeige von einem Ehepaar auf: »Suchen Köchin oder Koch für Privathaushalt.« Dort kochte ich dann fast drei Jahre. Während dieser Zeit wurde mir immer klarer, dass ich damit etwas tat, wo ich einen Sinn sah und was mir Spaß machte. Ich entdeckte ein Talent, ja eine Leidenschaft in mir, die ich mit professioneller Hilfe ausbauen könnte – und so war die Idee geboren, Köchin zu werden. Ich komme aus einfachen Verhältnissen, in meiner Familie wäre ich die erste Akademikerin gewesen. Trotzdem sagte ich zur Oma und zur Mama – wir sind so eine Frauendynastie –, dass ich das Studium erst mal ad acta legen und jetzt eine Lehre als Köchin anfangen würde.

Die DDR-Zeiten waren ja vorbei. Ich hatte mit meinen 25 Jahren nur Freiheit im Kopf und wusste, was ich wollte: Freude und Spaß. Und Erfolg, ohne auf eigene Lebensqualität verzichten zu müssen.

Die Wanderjahre nach meiner Lehre führten mich zwischen 2004 und 2013 zu vielen Restaurants und Gasthäusern in Deutschland und der Schweiz, bis es mich dann wieder in die Heimat zog. Nach Erfurt, wo ich im »Kaisersaal« für gleich drei Küchen zuständig war und wo mir ein Michelin-Stern in die Schürze fiel. Seit 2015 bin ich nun in der »Bachstelze« meine eigene Chefin und habe das, wovon ich als junge Frau vor 20 Jahren träumte.

Kochen als Männerberuf? Sicher gibt es in professionellen Küchen mehr Männer. Doch bin ich eher das Positivbeispiel. Ich habe mich nie als Unterdrückte gesehen. Ich bin dazu erzogen worden, dass ich es mir wert bin, die Welt zu erobern.

Auch wenn die Elite männlich besetzt ist – nach wie vor und nicht nur in der Gastronomie. Hartes Management mit geringem Frauenanteil. Man sagt den Frauen ja Multitasking-Talent nach. Doch das ist nur bedingt gefragt. Es ist gefragt, sich auf eine Sache zu konzentrieren. Das ist für frau eine extrem harte Entscheidung. Es geht nicht zuletzt um den Kinderentscheid. Keine Kinder zu haben, ist allseits beschlossene Sache. Es ist traurig, wenn frau nicht mehr als Mensch, sondern nur über die Gebärmutter definiert wird. Sperma zu schenken und ab und zu ein positiver Teilzeitvater zu sein, ist gesellschaftlich ganz anders akzeptiert. In unserer patriarchal geprägten Welt ist »man(n)« berufstätig.

Ich wollte selbstständig sein, Geld verdienen. Ich habe mir das genommen, was ich brauchte. Vielleicht eine krasse Verhaltensweise. Aber so bin ich. Je brachialer mir die Machoköche dieser Welt begegnet sind, desto härter war ich in meinen Reaktionen. So schaffte ich mir die Aura von: »Sprich sie nicht doof an, die macht dich platt!« Eine Art Hexenstatus. Den hatte ich mir immerhin erarbeitet.

Als ich noch ein kleines Licht war, konnte ich mir meinen Raum nehmen, der auch respektiert wurde. Ich lasse mich nicht zum »Nigga« machen. Das sage ich ganz bewusst in diesem plakativ rassistischen Ton, weil genau mit diesem Ton musste ich klarkommen. Die hierarchischen Abläufe haben System und funktionieren so: Du Nigga, ich Gott! Als Frau musst du in jedem Fall besser sein als der beste Mann im Team. Sonst wirst du nicht wahrgenommen. Schon gar nicht bei der Vergabe von Kompetenzen.

Am Schluss entscheidet die eigene Haltung. Das ist auch bei Männern so. Nicht jeder oder jede ist den Psychospielchen gewachsen, zumal es in den Küchen zudem auch körperlich hart zur Sache geht. Bei Frauen wird die Körperlichkeit zur Charakterfrage. So entsteht ein neuer Prototyp Frau, die sich nicht dafür entschuldigt, angeblich männliche Eigenschaften zu haben: eine gewisse Härte gegen sich selbst, eine Bereitschaft zum Schmerz. Frauen, die zur Stärke erzogen wurden, ruhen anders in sich. Sie wissen, dass sie nichts geschenkt kriegen. Sie wissen, dass man in der Männerwelt erst mal ne Runde »Dreck« fressen muss, und dann gehts aufs nächste Level. Durchbeißen halt. Entweder man kann es abfedern oder man geht. Es gab Zeiten, in denen ich nur geheult habe. Das wird dann bei Frauen eher toleriert, auch bei Schwulen. Der weinende Mann in der Küche ist ein No-Go. Der geht zum Heulen in den Tiefkühler.

Ich war früher viel feministischer, im Studentenrat als Frauen- und Lesbenreferentin, habe Demos organisiert bis hin zu: Ich lass nur einen weiblichen Elektriker in meine Wohnung. Jetzt ist das alles um die zwanzig Jahre her. Heute merke ich, es sind fast alle Dinge vom eigenen Urteil abhängig. Egal, ob du schwarz oder weiß bist, ob du Brüste hast oder nicht. Viele Sachen sind gar nicht geschlechterspezifisch, sie sind dazu gemacht worden. Es werden Klischees unterstellt und es wird unreflektiert behauptet: Oh je, das passiert mir, weil ich eine Frau bin. Okay, es passiert aber auch, weil ich es zulasse! Weil ich mich von so Machoallüren in die Ecke drängen lasse. Auch von intelligenten Männern. Keine Ahnung, was die für ein weibliches Rollenbild haben!

Ich leite meine Teams anders als ein konservativer Chef. Aber die Verantwortung übernehme ich. Ich trage die Krone. Es geht um Teamleistung, nicht um Einzelkampf. So funktioniert mein Wettbewerb. Männer, die Teams um sich haben, nehmen dich erst ab dem Halbfinale wahr. Aha, die lässt nicht locker. Am Anfang war ich die Quotentusse, die besetzt wurde ... aber die nie aufgab, immer im Spiel blieb. So lang am Ball bleiben, bis die Herren einen wahrnehmen. Sie halten sich für Alphatiere. Aber manche spüren es schon im Vorfeld, das sind die weniger Harten, dass sie es gar nicht sind. Andere müssen das noch lernen. Doch wir Frauen sind, krass gesagt und weil das Kind in uns wächst, die erste Nahrungsquelle. Für das Leben.

Die Herkunft, die ja jedem alles ermöglicht, kommt doch aus der Haushaltsküche, und dort steht die Hausfrau. Sie ist die Mutter aller Gerichte. Kochen in seinem Ursprung ist eine weibliche Tätigkeit. Muttermilch die erste Nahrungsquelle.

Da geht es um Frauenpolitik. Frauen wollten sich zunächst nicht weiter beschränken lassen auf Haushalt und Nahrung. Heute ist es komplexer. Die jungen Frauen haben mittlerweile, das ist ein heikler Punkt, gar kein Bewusstsein mehr, worüber sie angeblich frei entscheiden dürfen, obwohl sie es gar nicht frei entscheiden können. Wir fliegen zum Mond, okay, aber wir kriegen es in Deutschland nicht hin, jedem Kind einen Kindergartenplatz anzubieten. Ein Kind bedeutet den Karriereknick. Ein Schwangerschaftsabbruch ist keine freie Entscheidung. Nach wie vor gibt es ganz viele Beschneidungen von Frauenrechten. Erst unsere Ururgroßmütter haben im vorletzten Jahrhundert dafür zu kämpfen begonnen. Frauenwahlrecht zum Beispiel. Oder dass wir kurze Röcke tragen dürfen, ohne als Schlampen beschimpft zu werden. Wir sind nicht gleichgestellt. Ich habe immer mit Männern gearbeitet, aber ich schwöre, die ganzen Jobs, die ich hatte, auch bereits in Führungspositionen, haben mir immer mindestens 500 Euro weniger gebracht als meinen männlichen Kollegen in gleicher Position. Es braucht immer noch Mut dazu, über dieses Thema zu reden. Ich bin ja nicht beeinträchtigt – ich bin »lediglich eine unabhängige Frau«.

Wenn ich bei mir eine Frau einstelle, rede ich mit ihr über Familienplanung. Das muss sein. Das wird vom patriarchalen System einfach ignoriert und unter dem Deckmantel der Persönlichkeitsrechte versteckt. Hat man vielleicht kein Interesse, die Frau in Arbeit zu halten?

Als Köchin, Frau und Unternehmerin kämpfe ich jetzt mit den ganzen Lockdown-Geschichten. Es ist der Wahnsinn, was da gerade passiert, was für Notstandsgesetze durch die Hintertür eingeführt werden. Langfristig will ich mit der »Bachstelze« kleiner werden, um die notwendigen Waren und Lebensmittel nicht nur zu reduzieren, sondern sie auch aus eigener Produktion zu beziehen. Ohnehin beziehen wir aktuell bereits den überwiegenden Teil unserer Zutaten aus dem näheren Umland.

Bachstelzenstyle ist, wie wir es machen, ohne moralisches Warum, Wieso, Weshalb. Natürlich treiben wir vieles ökomäßig voran. Ohne ökologisch stur zu sein. Wir sind eher kultivierte Anarchisten mit eigenen Gesetzen in unserer kleinen Enklave.

Dinge wie Nachhaltigkeit und Ökologie sind elementar für einen Koch/eine Köchin heute, aber man muss nicht dogmatisch sein. Nicht zuletzt bewegt man mit einer lebensnahen und sensiblen Produktionsweise auch Tier- und Naturschutz.

So führen wir, mein Mann und ich, auch die »Bachstelze« – unseren Mikroorganismus. Das ist meine Möglichkeit, in der Welt etwas Gutes zu schaffen. Das ist der Weg, der für mich stimmt. So kann ich mich mit Leuten, die ähnlich ticken, egal woher sie kommen, verbinden. So organisiert sich ein Ganzes.

Ja, die Natur. Die Frage ist: Respektieren wir sie oder nicht. Wir Menschen sind doch diejenigen, die ständig die Natur aus der Balance zu bringen versuchen. Warum bloß? Was dieser Planet macht, ist völlig in Ordnung, perfekt, er braucht uns nicht. Wir aber greifen in diese natürlichen Abläufe ein, aggressiv, dynamisch. Im Thüringer Wald sterben die Fichten, der Borkenkäfer ist wieder da. Ich bin jetzt nicht superöko, bin auch froh über Elektrizität, über viele Erungenschaften unserer Zeit, aber ich will mit den Ressourcen schonend arbeiten. Es braucht nicht für jeden Fakt eine Expertengruppe, die uns berät und vorschreibt, was zu tun ist, es braucht nur vernünftige Menschen. Es braucht eine menschliche Politik, einen Staat, in dem nicht Parteien, sondern Personen gewählt werden. Weil die herrschenden Parteien vor allem für sich selbst arbeiten. Wir sind nur noch Bausteine, die sie benötigen. Der Bürger als einzelner spielt gar keine Rolle mehr, es geht nur noch darum, die breite Masse zu befriedigen.

Wir Köche sind aufgefordert, generell mitzudenken, ob zum Veganismus oder zur Umweltpolitik. Wir sind aufgefordert, in unseren Betrieben umweltbewusst zu arbeiten. Mit einer rein pflanzlich hochgezogenen Suppe kommst du nicht in die Bredouille. Je weniger du mit chemischen Wirkstoffen, seien es Bindemittel oder Farb- oder Konservierungsstoffe, herumwurstelst, desto besser. Ich lasse mich gerne herausfordern. Einfach indem ich den Kreislauf der Natur akzeptiere. Aber warum werden Handwerker, die ohne Zwischenhändler arbeiten, plötzlich vom Hygieneamt gemobbt? All diese Maximalvorschriften und -regeln fördern die industrielle Produktion zuungunsten der kleinen Betriebe. Nur so konnte ein Herr Tönnies entstehen und in den Himmel wachsen, weil die Politik und die Ämter Vorschriften erlassen haben, die ein Kleinbetrieb gar nicht erfüllen kann. Das ist so gewollt. Hofschlachtungen sind so ein krasses Beispiel. Der Markt funktioniert ja bloß mit Zwischenhändlern. Verbraucherschutz! Dass ich nicht lache!

Wenn man zu einer gesunden Form des Zusammenlebens zurückkommen will wie damals im Dorf, dann muss man den

Viehbauern unterstützen. Ich verarbeite in meinem Gasthaus sein Fleisch. Ich kann so sicherstellen, dass seine Tiere artgerecht aufwachsen können. Auch hier funkt die Politik dazwischen. Wer steht hinter der Tierproduktion? Und bitte schön, es muss klar sein: Tierisches Eiweiß ist bedeutend teurer als pflanzliches, weil das Tier in aller Ruhe groß werden muss. Das kostet! Das muss den Bauern doch bezahlt werden.

# 5 Kultur und Identität

Einfach definiert, ist Kultur die Summe der Dinge, die vom Menschen selbst gemacht sind. Dabei spielt es keine Rolle, ob die kulturellen Errungenschaften materieller oder geistiger Art sind. Ein philosophisch geprägtes Weltbild ist genauso Ausdruck von Kultur wie ein Hufeisen oder ein Flugzeugträger. Was die Natur hervorbringt, Berge, Bären oder Birnen, um ein paar Beispiele mit dem Anfangsbuchstaben B zu nennen, ist keine Kultur, weil Berge, Bären oder Birnen ihr Entstehen nicht dem menschlichen Erfindungsgeist verdanken. Völlig unabhängig sind vom sich stets selbst überschätzenden Ego des zweibeinigen Allesfressers. Zwar wurde und wird mit immer wieder fantasievollen, spirituellen oder religiösen Wirrwarr-Denkweisen eine Verbindung herbeizuschwätzen versucht, indem ein Schöpfer installiert wird, der alles erschaffen hat. Mit quasi göttlichen Eigenschaften und Fähigkeiten ausgestattet, erlaubt sich der Mensch, in der Schöpfung herumzupfuschen, wie es ihm gerade passt, weil er nämlich der Chef ist. Und die Natur ihm untertan. Ich bin Agnostiker und halte mich da so gut wie möglich raus. Wie es die Seen, Schwalben oder Sauerkirschen auch tun. Um ein paar Beispiele mit S zu nennen.

Und doch gibt es eine Verbindung zwischen der Schöpfung, im Folgenden Natur genannt, und den Lebewesen, unter ihnen wir als Vertreter des »Homo x«, die wir den Planeten bevölkern. Die Natur ernährt uns. Wir brauchen keine »Huhn oder Ei«-Fragen zu stellen. Es sind die Erzeugnisse der Natur, die uns ernähren, und nicht umgekehrt. Da kann der unermüdliche, stets unruhige Geist, der erfinderisch menschelt, tun, was er will. Er ist nicht in der Lage, Morgenröte, Milchschafe oder Mirabellen zu erschaffen. Das kann er nicht, das ist ihm nicht gegeben. Es ist dem Homo x aber gegeben, aus den Gaben, die er von der

Natur empfängt, seine eigenen Kreationen zu entwickeln. Aus Erde Ziegel, aus Erdbeeren Marmelade und aus der Haut von Elchen Leder. Das sind kulturelle Errungenschaften.

Es gibt keine engere Verbindung von Kultur und Natur als die Gastronomie. Wovon wir uns ernähren, womit wir uns am Leben erhalten, ist die Fähigkeit, das Angebot der Natur so vielfältig zu nutzen, wie es nur möglich ist. Von der Wiege bis zur Bahre. Ich esse, also bin ich. Oben durch den Mund aufgenommen, zerkaut, geschluckt, so wandert alles durch unseren Körper. Auf dieser wundersamen Reise werden die Mittel zum Leben in ihre Bestandteile zerlegt, werden wertvolle Stoffe dem Organismus zugeführt und Unbrauchbares weitergereicht und ausgeschieden. Alle Sinne sind in diesem Prozess beteiligt. Zufriedenheit stellt sich ein, weil gegessen wurde und weil damit und davon der Organismus lebt.

Doch was passiert, bevor die Speise den Mund erreicht? Davor – und mit Vorfreude auf Kauen und Schlucken – haben sich kulturelle Prägungen in einer unendlichen Vielfalt entwickelt. Die klimatischen Bedingungen, unter denen der Homo gastronomicus lebt, bestimmen seine kulinarisch-kulturelle Entwicklung. Appetit beflügelt die Innovation, die überlebenswichtige Kunst, das Essenzielle zu erkennen. Ein Beispiel: Woher weiß der Grönland-Eskimo, dass die Schwarte des Narwals genügend Vitamin C enthält, um Krankheiten wie Skorbut zu verhindern? Der kulturelle Prozess – das heißt: die Verbindung von Essen und Erfahrung bei Vorhandensein und Zugangsmöglichkeit zur Delikatesse »Narwal-Schwarte« – führt zu weitreichenden Auswirkungen. Rituale und Sagen, Legenden zur Verehrung des Narwals und seines Jägers, handwerkliche Fähigkeiten – wie die zum Bau eines Kanus, der Herstellung und Handhabung eines Speers – entwickeln sich. Und sogar ein abstrakter Begriff wie »Kunst« konkretisiert sich, wenn aus Knochen Figuren geschnitzt werden. Zu ganz anderen kulturellen Erweiterungen der natürlichen Angebote kommt es in den tropischen Regenwäldern, in den Savannen Afrikas, in den Wüsten oder Gebirgen, überall, wo Menschen leben, jagen, anpflanzen oder sammeln. Die jeweiligen kulturellen Entfaltungen beziehen sich immer und zuerst auf Formen des Überlebens, die auf, allgemein gesagt, gastronomische Fertigkeiten angewiesen sind. Und dabei auf das lokale Angebot. Dieses Angebot ist erst in zweiter Linie ein kulturelles. Die Natur, der ständige Lebensmittelpunkt, gehört nicht uns, ist aber buchstäblich lebenswichtig und trägt wesentlich dazu bei, dass wir körperlich und geistig gesund sind.

Das Herumbasteln an der natürlichen Ordnung hat Ausmaße angenommen, die uns als Gemeinschaft und Spezies an den Rand eines Selbstgenozids bringen. Menschlicher Hochmut, der da meint, man könne die natürliche Ordnung korrigieren, weil der wirtschaftliche Ertrag einer Zuckerindustrie wichtiger sei als die Gesundheit der kommenden Generationen, ist zwar auch kulturell bedingt, aber als Entwicklungsschritt kontraproduktiv. Eine solche Verhaltensweise richtet sich gegen uns selbst, wobei das Kollektiv unter der Gier nach Kapital und Macht einiger weniger zu leiden hat. Das globalisierte Aufkommen falscher Machtverhältnisse und die dazugehörigen politischen Begleiterscheinungen sind vielfältig untersucht worden. Jeder Mann und jede Frau, die sich darüber informieren wollen, haben (noch) die Möglichkeit und Freiheit dazu. Gerade am Beispiel der industrialisierten Nahrungsmittelindustrie lässt sich einfach erkennen, dass die Zerstörung lokaler kultureller Identitäten die menschliche Familie als Ganzes schwächt. Es gibt nur einen einzigen Grund, wieso ein Produkt wie weiße Galak-

Schokolade in praktisch jedem Land der Erde erhältlich ist und den Kindern die Milchzähne verfaulen lässt. Diesen Grund liefert die skrupellose Gier der Aktionäre von Nestlé, denen jedes Mittel recht ist, aus Scheiße Geld zu machen.

In diesem Zusammenhang ist es an der Zeit, den Begriff »Kultur«, der in allen Medien heute immer noch positiv besetzt ist – man beschäftigt sich dabei hauptsächlich mit den schönen Künsten –, zu hinterfragen. Gerne spricht die herrschende Klasse von den kulturellen Werten, die es zu bewahren gilt. Doch dieser Wertekatalog wurde schon längst verraten. Eine Zivilisation, die sich in der Negativspirale von Ausbeutung, Gleichgültigkeit, Gewalt, von Profitmaximierung und der Bevormundung des freien Menschen eingerichtet hat, gaukelt uns mit sahnegefüllten Gummibärchen eine tumb-heile Welt vor, an der wir ersticken werden.

Für unsere Betrachtung gibt es einen weiteren wichtigen Begriff – den der Identität. Identität einer ganzen Gruppe, einer Ethnie, einer Nation oder aber die Identität des Individuums, des Einzelkämpfers.

Wie lässt sich eine Identität identifizieren, und zwar in der Gastronomie? Der Deutsche liebt Sauerkraut, die Italiener Spaghetti, die Texaner essen ganze Rinder auf, während der Hindu kein Fleisch anrührt. Dem Russ' sein Borschtsch, dem Chines' sein Reis. Was dem Bayern seine Schweinshaxe, ist dem Berber im Atlasgebirge sein Schaf am Spieß. Zugegeben, das sind alles Klischees. Sie haben aber eine freundliche Eigenschaft. Sie sind der Versuch, eine andere Identität als die eigene kulinarisch zu definieren. Unterschiede werden durch Vorlieben erklärt.

Sind wir auf Reisen, essen wir das, was an fremden Tischen serviert wird, und zu den Reiseerinnerungen, die gerne zelebriert werden, gehören immer auch die kulinarischen. Die Paella in Valencia, das Couscous in Marrakesch, die indonesische Reistafel in Jakarta, die Pizza in Rom oder Neapel, das Smörrebröd in Kopenhagen, Tacos in Mexiko, Sushi in Tokio und, nicht zu vergessen, das Geschnetzelte mit Rösti in Zürich.

In der klassischen Küche werden viele Gerichte nach Ländern oder Landstrichen benannt. Sauce Hollandaise, Salzburger Nockerln, Königsberger Klopse, Ungarisches Gulasch, Frankfurter Würstchen, Wiener Tafelspitz, Berner Platte, Schinken aus Parma, Irish Stew, Peking-Ente und so weiter.

Listen dieser Art ließen sich beliebig fortsetzen. Was dabei auffällt, sind einmal mehr die endlosen Variationen, die hinter den kulinarischen Möglichkeiten stecken. Sie verdanken sich nicht irgendwelchen Zufällen. Die Eigenheiten, die sich aus Konsistenz, Aussehen, Gewürzen und Zutaten ergeben, sind das Ergebnis von Landschaften, Jahreszeiten, Böden und Gewässern, Wäldern, Äckern und Wiesen, Vögeln, Fischen, wilden oder gezüchteten Tieren, Ebenen, Bergen und Tälern.

Identitäten bestätigen sich kulinarisch, dann kommen die Sprache, die überlieferten Lieder und Rituale, das gemeinsame Bewusstsein und Handeln, der Stolz auf das Eigene hinzu. Und schließlich lebt jeder einzelne Mensch seine eigene Identität auch so, indem er oder sie mit Bauchbewusstsein seine oder ihre Lieblingsgerichte definiert. Da ist er wieder: Großmutters Apfelstrudel.

Wenn nun ein von Menschen gemachter Tsunami über diese Identitäten hinwegfegt, führt dies nicht etwa zu einer alles gleichmachenden Solidarität, und mitnichten werden alle Menschen Brüder. Das Auslöschen eigener Identitäten bedeutet den Verlust eines Bewusstseins. Das Bewusstsein, wer man ist und wofür man steht, ist fundamentaler Bestandteil von

Identität. Es richtet sich nicht zwangsläufig gegen die anderen, sondern fördert Haltungen und Meinungen, die in enger Verbindung mit der eigenen Herkunft stehen. Weniger national als heimatverbunden. Zentrum dieses Gefühls für das eigene Selbst ist nicht das vom Intellekt bestimmte Anknüpfen an eine Gruppe oder Nationalität, sondern das evolutionär gewachsene Bauchgefühl, das Sehnsucht und Frieden findet in den einfachsten und elementarsten Dingen. Ein eigenes Selbst aber gehört zu den Eigenschaften, die es braucht, um sich erfolgreich in einer globalisierten Welt zu bewegen. Man muss klar sehen, dass das Fehlen von Identität den Untertan hervorbringt, der sich beliebig manipulieren und notfalls sogar auslöschen lässt.

McDonald's befriedigt kein kulinarisch friedens- und identitätsstiftendes Bedürfnis. Der Fleischklops mit Brötchen hat sich von jeglicher Zugehörigkeit losgesagt und funktioniert auf der Fett-, Salz- und Zucker-Basis, die einfachsten Ansprüchen, etwa denjenigen einer Amöbe, genügt. Ebenso Nestlé mit unzähligen Produkten, das Sandwich bei Subway, der Seelachs bei Nordsee. Dergleichen Fast-Food-Anbieter verbindet, dass sie sich durch die Bank von Identität und positiver Esskultur verabschiedet haben. So entfremden sie den Konsumenten von jeder Beziehung zu seiner Nahrung und entbinden ihn von jeder Verantwortung für seinen Lebensmittelpunkt. Er begibt sich damit selbst in Hände, die es nicht gut mit ihm meinen.

### Und dazu eine Geschichte:

Uns war nur ein schmaler Streifen eines Obstgartens erhalten geblieben. Dreißig Meter lang, zehn Meter breit. Etwas verwildert, denn selten kam der Stadtgärtner und schnitt das hohe Gras zwischen den drei Apfelbäumen und dem großen Haselnussbusch. Der große Rest des Grundstücks gehörte der Armee. Dort stand die Kaserne der Fliegersoldaten. In diesem vergessenen Stück Land hinter der Garage des Dübendorfer Pfarrhauses verbrachte ich als Jugendlicher einen großen Teil meiner Zeit. Meine Geschwister waren bereits erwachsen und außer Haus. Nachmittags, die Schule entließ mich um vier, war oft niemand zu Hause. Mein Vater war unterwegs in der Gemeinde, meine Mutter ging ihren vielen freiwilligen Aufgaben nach. Durch ein rostiges Gittertor neben der Garage konnte ich diese kleine Naturoase betreten, die Apfelbäume und den Haselnussbusch besuchen. Lange blieb ich selten. Ich schlenderte ein wenig herum, hob ein paar Nüsse auf, prüfte, ob die Vogelnester im Busch noch da waren, und ging wieder. Das tat ich auch im Winter. Doch die Hoch-Zeit dieses ungepflegten Zen-Gartens waren die Monate März bis Oktober, sieben Monate lang führten mir die drei alten Obstbäume und der Haselnussbusch einen Frühlings-, Sommer-, Herbstreigen der alten Schule vor. Die ersten Schneeglöckchen und anderes Grün sprossen bereits im März. Das war der Start für das Wachsen und Gedeihen eines lebendigen Biotopen. Unberührt von korrigierenden Eingriffen menschlicher Hände wuchsen die Gräser. Bekannte und unbekannte Wiesenblumen, roter und weißer Klee, Sauerampfer, Schafgarbe, Margeriten. Es gab Kamille, Kerbelkraut, Gänseblümchen, Löwenzahn, Kratzdisteln und im Hochsommer vereinzelte Klatschmohnblüten, die mit ihren knallroten, seidigen Blüten bereits den Herbst ankündigten. Es gab noch viel mehr krautiges, riechendes und buntes Wachstum in dieser Wiese, die ab jetzt bis weit in den Herbst in ständigem Wechsel blühte und verblühte. Alles zu seiner Zeit war dem Leben auf der Wiese immanent.

Der volle Frühlingsrausch setzte mit der Apfelbaumblüte ein. Die drei Bäume waren nicht sehr groß, keine fünf, sechs Meter hoch. Da sie über Jahre nicht mehr mit Säge und Gartenzange bearbeitet worden waren, bildeten ihre Kronen einen dichten Busch. Und die ausladenden unteren Äste bildeten ein auf Brusthöhe dichtes Schattendach, das die Vegetation darunter moosig und kümmerlich hielt. An heißen Hochsommertagen der perfekte Aufenthaltsort. Zwei der Bäume waren »Dübendorfer Milchäpfel«, eine Apfelsorte, die verschwunden ist. Als ich mich anlässlich eines Besuches in dem Städtchen, in dem ich aufgewachsen bin, auf dem Markt erkundigte, erinnerte sich die Marktfrau zwar an die grünen, eher kleinen Äpfel, wusste aber nicht, wo es noch welche geben könnte.

Die Apfelblüte versetzte die Bienen und Hummeln in rauschhafte Aufregung. Wenn ich an einem warmen Nachmittag im Frühling den Garten betrat, war das Summen der Insekten in der Blütenpracht ein auf- und abschwellender Geräuschteppich, der alles einlullte. Im August neigten sich die Äste unter der Last der Früchte, und Ende August waren die Äpfel reif. Rote Flammen zeichneten auf dem blassgelben Apfelrund ein einzigartiges Kunstwerk. Der Apfel war fest, groß wie ein Tennisball und ließ sich nicht entzweibrechen. Er roch kaum, glänzte fettig wie poliert und knackte, ja krachte geräuschvoll beim Hineinbeißen und behielt den Saft in sich, bis man kauend das abgebissene Stück im Mund zerteilte. Frisch, herb, sauer mit einer markigen hellbeigen Konsistenz füllte der Geschmack jetzt den Gaumen und veränderte sich vom anfänglich widerspenstigen hin zu einer orangenhaften Süße. Ein Apfelerlebnis, das mir trotz lebenslanger Suche nie wieder begegnet ist. Nirgendwo. Ein Jammer.

Seit vielen Jahren lebe ich in mir fremden Gegenden. Wohin es mich verschlagen hat, sei es aus Neugier oder Reiselust, habe ich mich auch – als Koch und Genießer – mit den lokalen Küchen und gastronomischen Gepflogenheiten auseinandergesetzt. Dabei sind viele andersartige Gewürze, Speisen und Getränke im Laufe der Zeit durch mich hindurchgewandert, haben Spuren hinterlassen. Obschon sich so mein kulinarischer Horizont immer weiter ausgedehnt hat, sind doch die Geschmäcker meiner Kindheits- und Jugendjahre nach wie vor die Parameter, an denen sich meine Vorlieben messen. Länger als eine Generation lebe ich nun in den Hochanden, in Ecuador.

Heimweh ist mir nicht fremd. Ich sehne mich nach den Töpfen und Zutaten der heimatlichen Jahreszeiten. Es gibt hier keine Zwetschgen und keine Aprikosen. Keinen Bergkäse und keine Saucisson. Bin ich in Europa, lege ich rasch ein paar Kilo zu. Und packe ich den Koffer für die Rückreise in meine Wahlheimat, hat es ein Stück Käse, geräucherten Speck und Milchschokolade zwischen Hemden und Hosen.

Natürlich gibt es in Ecuador nach dem gleichen Muster gestrickte kulinarische Welten. Sie gehören zu den Lamas, den Vulkanen und den verschiedenen Indigenen. Eine Landschaft mit ihren Menschen, Bräuchen und ihrem Charakter kennenzulernen, ist über diesen Weg denkbar einfach. Es zeigt sich so viel in der Art und Weise, wie sich ein gedeckter Tisch mit den landesüblichen Gerichten präsentiert. Wie sich Gastgebertum mit Großzügigkeit paart. Und paaren sich dabei nicht auch die eigenen Ansprüche mit den Angeboten des Fremden? Wird das Fremde nicht augenblicklich weniger fremd, wenn es durch unseren Körper wandert in Form von Mais, Suppe und Fischen aus unbekannten Gewässern? Erkennen wir mit dem Magen vielleicht mehr als mit den Augen, den Händen und Ohren? In diesen Momenten nehmen wir teil am Leben der Gastgeber und teilen das ihre mit dem unseren.

Ich fürchte, dass der Verlust der kulinarisch-gastronomischen Kultur und Identität einen Graben zwischen den Menschen aufbrechen lässt, der sich mit Geld und Worten nicht zuschütten lässt.

## Sandra Knecht – Schweizer Köchin, Künstlerin, Performerin

Essen und Trinken spielen immer eine Rolle bei mir.

Eigentlich ist es eine Art Voudou. Immer wieder von neuem versuche ich mich an meinem persönlichen Voudou. Das Ritual steht im Zentrum. Nicht als kulturelle Aneignung, sondern als Selbstbespiegelung. Heimat, Identität und Transformation. Jedes Ritual ist eine Transformation, ohne Transformation gibt es kein Ritual.

Essen und Trinken ist mein Ansatz, meine Basis, weil beides verständlich und nachvollziehbar ist. Von jedem Menschen.

Es ist mir eigentlich unangenehm, eine Mission zu haben, doch ich befürchte, ich habe eine.

Ich will niemanden bekehren. Aber ich wäre schon gerne ein Guru, auf den man hört. Macht es so, wie ich sage, und Millionen folgen mir. Weil ich das will. Für unsere Umwelt und unsere Erde wäre es gar nicht so schlecht. Zumindest gäbe es keine Steingärten mehr.

Klar, ich provoziere, das gehört zu den Codes, die man in dieser Gesellschaft so hat. Aber Provokation um der Provokation willen ist es nicht. Es ärgert mich, wenn nicht nachgedacht wird.

Was ich bisher gemacht habe mit meinem 10jährigen Heimat- und Identitätsgedanken, das ist die Suche. Aus ihr ergibt sich meine künstlerische Identität. Ich komme ja nicht von der Kunst. Ich war 20 Jahre lang Sozialpädagogin und begegnete dabei ungefähr 3600 männlichen Jugendlichen mit Integrationsproblemen, denen ich helfen sollte. Angefangen hat es mit dem Jugoslawienkrieg. Menschen, die zu uns geflüchtet waren, haben ihre eigenen Geschmäcker mitgenommen. Ich musste mit den Eltern dieser jungen Männer Gespräche führen und habe begonnen, mit ihnen, den Müttern vor allem, zu kochen. Diese Eltern wollten nicht in mein Büro kommen. Aus Angst vor der Autorität oder weil sie die Sprache nicht beherrschten. Ich musste eine andere Ausgangssituation schaffen. So fragte ich nach ihren Rezepten und bat darum, sie mir beizubringen. So kam ich dann in ihre Küchen und in Kontakt.

Ich bekam endlos viele Rezepte, zum Teil von den gleichen Gerichten mit verschiedenen Geheimnissen. Superinteressant! So lernte ich den Balkan und den nahen Osten kennen, ja diese Gegenden wurden, fast ohne dass ich es merkte, zu meiner geistigen Zweitheimat. Der Balkan kam wie ein trojanisches Pferd in mein Leben. Das Fremde habe ich über Essen und Trinken verstanden. Und so liebe ich jetzt den Balkan, seine Geschmäcker und seine Musik. Dahinter stecken 20 Jahre Erleben. Mehr mit den Frauen als mit den Männern.

Gekocht habe ich schon immer. Es gibt eine Zeichnung, wie ich mit fünf Jahren mein erstes Spiegelei gebraten habe. Der Geschmack der Heimat ist eine Art Komfort, etwas, bei dem ich mich wohlfühle. Aber ich bringe auf den Teller, was ich lebe und erfahre. So verwende ich gerne arabische Gewürze wie Ras el Hanout oder Kreuzkümmel. Oder wenn wir einen Schafbock metzgen, alt und unkastriert, mache ich Merguez. Dabei ist mein Anspruch, dass der Esser sofort dort ist, wo diese Merguez herkommen, nämlich in Nordafrika. So verbindet sich mein alter Schafbock mit ihrer Kultur, einer anderen Heimat. Mein Eigenes wird dadurch größer.

Das Herz für andere Einflüsse öffnen. Merguez mit Rösti? Sicher! Logisch!

Irgendwann hatte ich den Wunsch, einen Master in Kunst zu machen. Ich habe kein Abitur, keinen Bachelor und war auch viel zu alt. Die Kunsthochschule in Zürich hat mich trotzdem genommen.

2010/11 kam der arabische Frühling. Zu der Zeit hatte ich meine erste Ausstellung, am Bodensee. Ich baute ein kleines Häuschen aus Obstkisten aus Nordafrika. An der Decke hängte ich 3000 Äpfel wie eine Perlenkette an Drähten auf, rote, grüne und gelbe in einem orientalischen Teppichmuster. Darunter baute ich einen Gläserturm mit den Öffnungen nach oben, wo jede Minute ein Tropfen Honig ins oberste Glas tropfte. Vier Monate stand die Installation, die Äpfel verfaulten langsam, das Teppichmuster löste sich auf. Da beschloss ich, mit der Sozialpädagogik Schluss zu machen. Ich hatte das Gefühl, so geht es nicht weiter, ich muss aus dem Fremden etwas Eigenes schaffen.

Was ich koche, ist immer auch ein Probieren. Ich setze gesellschaftliche Zustände, Themen, die mich interessieren, in Geschmack um. Derzeit arbeite ich daran, den Künstlerinnen, die mich beeinflusst haben, einen Geschmack zu geben. Patty Smith hat ein Butterbrot bekommen mit einer Pilzessenz aus einer Sprühflasche. Das muss ich gar nicht erklären. Das ist meine künstlerisch-kulinarische Interpretation der Dinner Party von Judy Chicago. Aus meinem Erleben im Kontext mit diesen Frauen.

40 Künstlerinnen habe ich bisher auf diese Weise kommentiert, ihnen ein Gericht gewidmet.

Ich setze mich mit der Person auseinander, schaue mir ganz genau ihre Sachen an und kreiere dann das Gericht. Der Anspruch ist nicht schönes Aussehen oder feiner Geschmack, der Anspruch ist, dass es stimmt. Das ist künstlerische Forschung. Als Köchin! Ich benutze die Methodologie der Kulinarik und des

Gastgebertums wie der Maler seine Palette. Es gibt Hunderte von Geschmäckern in meinem Kopf.

Das Kunsthaus Zürich hat eine Einzelausstellung mit dem Mexikaner Abraham Cruzvillegas, einem Konzept- und Installationskünstler, gemacht, und man hat mich gefragt, ob ich diese Ausstellung kulinarisch begleiten könnte. Über drei Monate. Ich habe dann für alle Besucher ein Feuerritual gemacht, wo meine Tacos gegessen werden konnten. Ich nahm Schweineköpfe und Herzen, röstete sie über dem offenen Feuer. Mit dem Blut der Schweine machte ich eine grillbare Blutwurst, fünf verschiedene Salsas. Am Schluss servierte ich das Ganze in einem Fladenbrot mit blauen Maiskörnern und Ananas, die auf dem gleichen Grill gebacken wurden. Von der mexikanischen Küche hatte ich bis dahin wenig Ahnung, habe mich hingesetzt und recherchiert. Ich fand heraus, dass die Indigenen Igel mit Ton umhüllen und sie so backen. Igel geht in der Schweiz nicht, also habe ich ungerupfte Hühner genommen. So kann sich jeder seine eigene Kreativität auf diese Weise erobern.

Innerhalb der Kunstwelt wird das, was ich mache, selten als Kunst akzeptiert.

Es geht mir nicht nur darum, einen künstlerischen Ausdruck zu finden, es geht auch darum, Spuren zu hinterlassen in alltäglichen Dingen. Um die künstlerische Interpretation von Essen, Trinken, Rausch und Ritual.

Ich vergleiche mich manchmal mit einem Rhizom, einem unterirdischen Wurzelgeflecht. Pflanzen wie der Bambus oder Ingwer bilden solche Wurzelgeflechte. Rhizome sind tief im Boden und generieren sich selbst neu. Man weiß nie, welche Richtung sie nehmen.

Mich interessiert die Unerwartbarkeit des Weges. So taucht ein Essen, ein Bild oder ein Ritual aus diesem rhizomischen

Untergrund auf – und in diesem Untergrund findet meine Arbeit statt.

Leider stemmen sich die konventionellen Wissenschaften dagegen, dass Kochen zu den wichtigsten Entwicklungen der Menschen zählt. Kochen wird gerne etwas belächelt. Eine Kunst, in den Kontext zu gesellschaftlichen Verhältnissen gestellt, zu Heimat und Identität, ist eine philosophische Kunst.

Was ich jahrzehntelang praktisch gemacht habe in der Sozialpädagogik, wirkt natürlich nach, schwingt nach und nimmt so eine andere Richtung. Natürlich bin ich ein Resonanzkörper. Ich empfange etwas, es schwingt in mir. Themenbereiche kristallisieren sich heraus und tauchen in mir auf. Mein Unbewusstes stelle ich mir als langen stillen Fluss vor. Vereinzelt wirbeln Stromschnellen auf. Dann weiß ich, da will ich dranbleiben. So entstehen Ideen, die ich mit meiner Arbeit umsetze.

Ich hatte in Basel mein Restaurant, eine alte Holzhütte, in der ich gekocht habe. Den »Chnächt«. Ich habe es jetzt verkauft. Weil sich die Chance, mit einer Stiftung zusammen etwas Neues aufzugleisen, ergeben hat. Ich habe ein verlassenes Gebäude gefunden, in der ein Baum wächst. Vertikal! Die Krone am Boden. Hier soll es passieren. Es ist eine alte Fabrik, in der vor Jahren Aromastoffe und Lebensmittelfarben hergestellt wurden. Mit der Stiftung ist es jetzt möglich, an diesem Ort etwas zu verwirklichen. Es sind 900 Quadratmeter, zwei Stockwerke. Ein Ort für Kunst und Kulinarik, ausschließlich dieses Thema.

Ich habe ein Projekt, mit dem ich Bauern unterstützen werde, um deren regionale Heimatgeschmäcker vorzustellen und damit auch zu arbeiten.

Ich will einfach mein eigenes Ding machen. Auf meine Art, dort, wo Kunst eigentlich nicht stattfindet. So habe ich auch einen Schnaps gebrannt, der hier in den Dörfern mittlerweile Kult ist, weil man ihm eine leichte psychedelische Wirkung nachsagt.

# GAST UND GASTGEBER

6

Unbeachtet bleibt in allen Büchern, die ich zur Kunst des Kochens gelesen habe, das Verhalten (und das Verhältnis) von Gast und Gastgeber. Zwar gibt es umfangreiche Studien aus dem Gebiet der Gesellschaftswissenschaften, in denen unterschiedlichste Methoden angewendet werden, mit denen man sich analysierend den Gewohnheiten des Zusammenlebens annähert. Tischsitten mit den dazugehörigen Handlungen, Tischmanieren mit ihren ungeschriebenen Kodizes sind der Aufmerksamkeit der Forschungstreibenden gerade mal ein paar Fußnoten wert. Es muss sich schon um einen extrem exotischen Casus handeln, damit der Anthropologe sich mit ihm beschäftigt. Etwa das »Powhiri« der Maori auf Neuseeland. Ein Begrüßungstanz und Spektakel der Meisterklasse.

Powhiri steht mittlerweile als touristisches Spektakel in allen einschlägigen Reiseführern ganz oben auf der Liste. Für den europäischen Besucher wäre das eine gute Gelegenheit, sich mit den eigenen Zeremonien zwischen Besuchern und Besuchten auseinanderzusetzen. Doch weit wahrscheinlicher werden diese Vorführungen einfach als lustige Darbietung verkonsumiert – ohne weitere Folgen. Ein anderes Beispiel sind die Schenkfeste, die »Potlachs«, die von nordamerikanischen Indigenen zu besonderen Gelegenheiten veranstaltet wurden. Dabei wurde nicht nur gegessen, getanzt und gesungen, es wurden ganze Besitztümer von den Gastgebern an die Gäste verschenkt, sodass die abziehenden Besucher nach der Party jene, die ihr Fest veranstaltet hatten, in Armut zurücklassen mussten. Es war allerdings den Schenkenden eine Ehre, ihre Habseligkeiten, Vorräte, Felle, Waffen, Kleidung wegzugeben. Diese Feste verstörten die europäischen Eroberer dermaßen, dass sie Gesetze erließen, die solche Veranstaltungen verboten. In diesem Fall gibt es keine touristischen Nachahmungen des

Originals. Verschenken gehört nicht zum Geschäftskonzept von Reiseveranstaltern.

Unsere europäischen Tischsitten sind Teil des gesellschaftlichen Miteinanders. Sie haben sich Arm in Arm mit den alltäglichen Umgangsformen entwickelt. Es sind Regeln, die wir uns selbst gegeben haben, damit wir uns sicher fühlen, damit wir unsere Gegenüber erkennen, Freude oder Missfallen dezent zum Ausdruck bringen, Signale austauschen, um auch ohne Sprache kommunizieren zu können. Zeitgenössische Formen dieser Sitten zeigen sich an den Stehtischen von Imbissbuden wie an den sorgfältig aufgedeckten Tischen guter und bester Gaststätten. Auch beim hastigen Verschlingen einer Bockwurst im Neonlicht der Fast-food-Einrichtung des Hauptbahnhofs erkennt man den Charakter des Schlingers. Zu streng sollte man als Beobachter dabei nicht sein, schließlich ist es keine persönliche Schuld, wenn der Respekt vor der Bockwurst völlig fehlt. Nicht gelernt ist nicht gelernt. Dieser fehlende Respekt deutet vielleicht nur auf einen bedauernswerten Mangel an Genussfähigkeit hin. Die daraus resultierenden Ergebnisse sind hingegen oft von großer Tragweite: Zu- oder Abneigung wird ausgelöst. Wer, mit offenem Mund kauend, dazu einlädt, die Zerkleinerung der Wurst-Brötchen-Mischung in seinem Rachen zu erleben, und mich zugleich nach der Uhrzeit fragt, wird von mir ungeküsst zum Bahnsteig eilen.

Es gibt gute Gründe für das Protokoll im Umgang mit den Speisen auf und den Gästen am Tisch. Sie zu kennen, erleichtert den Umgang mit den anderen, macht sie zu Freunden oder leider auch zu Feinden.

Gehen wir für einmal weg von meinem unablässigen Bezug zu Essen und Trinken und stellen wir uns eine Gruppe von Menschen vor, die gerade ansetzt, gemeinsam ein Lied zu singen. Wenn ich nun weder Text noch Melodie kenne, ist es an mir, erst einmal zuzuhören, leise mitzusummen, mir den Refrain zu merken. Fühle ich mich sicher genug, mit in das Lied einzusteigen, darf ich meine Stimme anheben, Worte und Töne erklingen lassen und so das musikalische Kollektiv komplettieren. Einfach nicht mitzusingen, ist zwar die einfachste Lösung, ein missklingendes Fettnäpfchen zu vermeiden, damit schließe ich mich aber aus. Umgekehrt ist es auch nicht richtig, mit überbordendem Selbstvertrauen gar eine zweite – womöglich laute – Stimme zu etablieren. Singen ist eine gute Übung, sich mit anderen auf gemeinsame Schwingungen einzulassen. Wer störende Misstöne produziert, zieht Missfallen auf sich und wird, freundlich oder weniger freundlich, korrigiert.

Ganz ähnlich ist es bei einer gemeinsamen Mahlzeit. Wer nicht vertraut ist mit den Regeln, die in einer solchen Runde gepflegt werden, hält sich wohlweislich zurück. Am besten bleibt man unauffällig, wendet an, was man in ähnlichen Situationen und von Haus aus kennt und gelernt hat. Keinesfalls sollte man sich mit dem begeisterten Ausruf: »Das sieht ja toll aus!« das größte Kotelett mit beiden Händen von der Grillplatte schnappen und, die Ellbogen aufgestützt, herzhaft ins Fleisch beißen. Jede Gasttafel ist geprägt von einer bestimmten Hierarchie der Personen und Dinge. Die Hierarchie der Personen ist einfach zu erkennen: Tischdame, Tischherr sind in der Regel die Gastgeberin oder der Gastgeber. Sie dirigieren das Geschehen und es ist einfach, ihnen zu folgen. Jedes Vorauspreschen ist verpönt. Auch wenn man mit Bärenhunger endlich loslegen möchte, verlangt der Anstand, sich zurückzuhalten. Sitzt man in einem Restaurant, übernehmen der gute Kellner oder die Kellnerin die Aufgabe des Zeremonienmeisters. Bei privaten Einladungen ist es Sache eines jeden, selbst zu spüren, wann und wie eine Geste und eine noch so kleine Bemerkung passend oder angebracht sind. Die Hierarchie im Kreis der Anwesenden lässt sich einfach erlernen, indem man das Alphatier der Tischrunde nachahmt. Nimmt es den Löffel links, tut man dasselbe. Sticht es mit der Gabel in das Hühnerbein, heißt das ganz klar, dass man nicht mit den Händen essen soll. Stopft es sich die Serviette in den Kragen, darf man das auch. Wobei das, was man selbst erlernt hat, nämlich die Serviette dezent auf die Oberschenkel zu legen, ebenfalls möglich ist. Fast poetisch klingt die kniggesche Anweisung: »Zu Tisch sitzt man gerade, und die Gabel führt man zum Munde und nicht den Mund zur Gabel.«

Normalerweise lernen wir das Verhalten bei Tisch als Kinder zu Hause. »Setz dich anständig hin, zappel nicht rum, mit dem Essen spielt man nicht, der Ellbogen gehört nicht auf den Tisch, rede nicht mit vollem Mund.« Daraus ergeben sich schließlich die Grundmuster, nach denen sich der Erwachsene später verhält. Der tägliche Familientisch, an dem diese Verhaltensweisen von Generation zu Generation weitergegeben worden sind, hat heute an Bedeutung verloren. Tischsitten sind zweitrangig geworden. Auffallend wird das, wenn sich eine zusammengewürfelte Gruppe von Leuten an den Esstisch setzt. Die Einen essen mit den Händen, die Anderen stützen einen Ellenbogen auf, löffeln den Reis hingebungsvoll in den tief über den Teller gebeugten Mund, Dritte schlürfen, schmatzen und beanspruchen dreimal so viel Platz wie ihr Nachbar. Servietten sind kaum in Gebrauch, man wischt sich den Mund mit dem Handrücken ab, Bier trinkt man aus der Flasche, Wein aus dem Zahnputzglas. Das Plastikdöschen mit Nahrungsergänzungsmitteln steht vor dem Teller. Jede und jeder steht auf und läuft während des Essens herum, sei es, um sich etwas aus der Küche zu holen, zu telefonieren, eine Mail zu schreiben oder einfach, weil man fertig gegessen hat und den Tisch kommentarlos verlässt.

Dieses Bild habe ich nicht erfunden. Ich habe ihn leider – und nicht nur einmal – erfahren: den verhunzten Lebensmittelpunkt, der viel mit sogenannter individueller Freiheit und nichts mit Gemeinschaftlichkeit zu tun hat. Reine Kalorienaufnahme. Futterplatz!

Wenn man die geistigen und materiellen Überlieferungen nicht wertschätzt oder sich nicht entsprechend verhält, geht die eigene Würde verloren. Man kann natürlich mit den Händen essen oder mit Stäbchen oder mit Besteck wie die meisten Europäer. Es kommt darauf an, wo, mit wem, aus welchen Gründen und wann man mit anderen is(s)t. Man darf seine eigenen Tischsitten erfinden und sich damit gegen vorherrschende Sitten wenden. Ob nun Rebellieren gegen das Miteinander wertschöpfend ist, wage ich zu bezweifeln. Ist man bei einem Gastgeber eingeladen, und das ist auch der Fall bei jedem Wirt dieser Welt, hat man, nur weil man sein Menü bezahlt, trotzdem kein Recht auf schlechtes Benehmen oder Egomanieren. Lebensart, Stil, Höflichkeits- und Umgangsformen sind in verschiedenen Ländern, Ethnien und Klassen unterschiedlich. Sie sind aber immer Ausdruck eines Einklangs, eine Form der Wertschätzung des Gegenübers. Wie man isst und trinkt, wie man eine Konversation führt, wie man Zeit und Raum teilt, wie man dankbar und großzügig, selbstbewusst und aufmerksam ist, wird bestimmt durch das eigene Selbst, dessen Qualität sich im Verhalten untereinander offenbart.

Tischsitten sind Ausdruck von Wertvorstellungen auf der einfachsten gemeinsamen Ebene. Sich gegen sie aufzulehnen, ist nicht progressiv, sondern dumm. Wer sie verändern will, darf nicht vergessen: Einigkeit und Zusammenhalt sind ebenso wenig ein Geschenk wie Bildung. Alles muss man sich erarbeiten. Und nie vergessen: Gemeinsamkeit macht stark.

### Und dazu eine Geschichte:

Mein Vater wurde für seine Verdienste beim Aufbau einer evangelischen Gemeinde in Belgien zu einer Audienz am belgischen Königshof eingeladen. So hing dann auch in seinem Arbeitszimmer ein kleines gerahmtes schwarz-weißes Foto von dieser Begegnung. Darauf war der König Baudouin beim Handschlag mit meinem Vater zu sehen. Beide Herren trugen dunkle Anzüge. Viel mehr als dieses Bild gibt es nicht zu dieser Begegnung – und doch spielte der König Baudouin in meiner Erziehung eine Rolle. Wurde ich bei Tisch dabei ertappt, mit dem Stuhl zu wippen, die Suppe zu schlürfen oder gar den Ellbogen aufzustützen, kam nicht selten mutterseits der Hinweis, dass einer, der sich so benimmt, sicher nie beim König zum Mittagessen eingeladen wird. Eine Einladung beim König! Die damit verbundene Ehrfurcht, von Mutter genährt, hat sich tief in meine kindliche Erinnerung eingeprägt. Ob ich wollte oder nicht, steckte man mich in Sonntagskleider, ging ich zum Friseur, schnitt ich mir die Fingernägel, tief in meinem Inneren begleitete mich dabei immer der Gedanke, es dem König recht machen zu wollen. Diese tief sitzende Ehrfurcht vor der schieren Vorstellung, sich an des Königs Tisch setzen zu können, ließ mich Schuhe putzen und gebügelte Hemden tragen.

Ich bin kein autoritätshöriger Mensch – und viel später dann ließ ich mir die Haare wachsen, weil die Rebellen der Hippiezeit es so wollten, und machte mir damit in der Küche, in der ich arbeitete, weder Freunde noch Freude. Der Küchengeruch in meinem Kopfwuschel förderte meine Chancen beim anderen Geschlecht kaum. Ich trug grundsätzlich keine Anzüge oder gar Krawatten und zog Turnschuhe den polierten Halbschuhen vor.

Und doch, hätte mich eine Einladung des Königs erreicht, wäre ich nicht nur hingegangen, sondern hätte mich auch der Prozedur unterworfen, die notwendig gewesen wäre, damit mich der Blick des Königs nicht missbilligend streifte.

Als die Großmutter meiner liebsten Iris ihren 80. Geburtstag feierte, wurde ich eingeladen. Die Dame lebte in Weißenfels, einer kleinen Stadt in Sachsen-Anhalt. Ein langes Leben in der DDR, die vor kurzem zugrunde gegangen war. Der Geburtstag fand bei ihr zu Hause in Hof und Garten statt. Sonntäglich gekleidete Gäste standen, nach Verwandt- und Bekanntschaftsgrad gegliedert, mit Gläsern in der Hand herum. Das Wetter war prachtvoll, hoher blauer Himmel, grüner Rasen, dicht belaubte Bäume. Die Großmutter hatte Haus, Hof und Garten seit ihrer Heirat bewohnt und belebt. Sie war noch in der Kaiserzeit geboren worden, erduldete das Tausendjährige Reich und den real existierenden Sozialismus. An diesem Tag nun saß sie blinzelnd, weißhaarig, gut frisiert und gekleidet und dezent geschminkt in einem Rollstuhl in der Sonne auf ihrer Terrasse. Würdevoll empfing sie ihre Gäste nach einem so unauffälligen wie selbstverständlichen Zeremoniell. Ich war als Schweizer der einzige »Ausländer«. Der größte Teil der Anwesenden kam aus Weißenfels, einige aus dem »Westen« wie die Eltern meiner Frau und andere Mitglieder der Familie, die sich in anderen Teilen der Bundesrepublik niedergelassen hatten. Es gab Würstchen vom Grill, Salate, Rotkäppchensekt, Wein, Bier und Mineralwasser.

Einige ältere Herren gruppierten sich nun auf der Terrasse und stimmten eine ganze Reihe von Liedern an. Alte deutsche Volkslieder wie »Wem Gott will rechte Gunst erweisen« oder

»Am Brunnen vor dem Tore«. Lieder, die wir im Westen kaum noch kannten, waren an diesem Geburtstag, in diesem Hof ganz selbstverständlich am richtigen Platz. Mir wurde, gerade weil mir alle Menschen bei diesem Fest fremd waren, bewusst, dass ich das Privileg genoss, Zaungast zu sein an einem Ort, an dem sich Einheit und Stimmung eines ganzen Lebens zeigten. Mit Schmetterlingen, die in der Sonne tanzten, schönen Liedern und braun gerösteten Bratwürsten.

Echtes, gelebtes Sein. Die Gäste verknüpft und versponnen durch unsichtbare Fäden, Essen und Trinken, Gesten, Reden. Nicht Rebellion, Gleichklang war angesagt. Dazu gehörten die fleckige Mauer des Stadtparks nebenan, der Geruch der warmen Steine des Hofes, das Stimmengewirr der Plaudereien, unterbrochen von den Liedern des Chors. Das alles war nicht meines. Doch mit überzeugender Freundlichkeit war ich eingeladen worden, man hatte oder schaffte Platz für mich. Dieser Moment erlaubte mir, die Weisheit einer Gemeinsamkeit zu erleben, die eine alte Frau ehrte.

Es sind Regeln, die für die Komposition solcher Zusammenhänge und der Formen eines Gesamteindrucks zuständig sind. Die Bilder, die ich bei diesem Geburtstag gesehen habe, waren nicht zufällig entstanden. Wenn alles zusammenspielt, wenn aus Klängen eine Melodie wird, ist das Glück nicht weit. Essen und Trinken verbindet nicht nur die Essenden, sondern alle am Tisch, an dem Sehnsüchte gestillt werden. Da sollte es doch eine Selbstverständlichkeit sein, dass jeder sich zu benehmen weiß.

## Birgit Reitbauer vom Wiener »Steirereck«

Die Gastronomie verbindet alle Menschen. In Kommentaren über uns höre ich oft, dass die Gäste begeistert waren und sich wohlgefühlt haben. Das Steirereck ist ein Restaurant im Hochpreissegment. Da denken einige, ach, das können sich nur Reiche leisten. Doch dann ist man da, und um einen herum sitzen ganz normale Leute. Am Tisch ist jeder, ohne Standesunterschiede, einfach unser Gast. Beim Essen und Trinken sind die Menschen gleich. Hier wird diskutiert, gelacht, geweint, gestritten, da gibt es Emotionen, die sind auch dem Koch nicht fremd. Wenn jemand kocht, bringt er auch seine eigene Emotion in die Küche. Ein schönes Mittagessen, ein Abendessen, und sei es nur eine Jause, ist immer wieder mit Spannung gefüllt.

Das Steirereck haben meine Schwiegereltern 1970 eröffnet. Sie kamen aus der Steiermark. Auch dort hatten sie eine Wirtschaft. Eine Dame, die als Gast bei ihnen war, erzählte von ihrem Betrieb in Wien, den sie aufgeben wollte. Meine Schwiegereltern dachten nach. Wien war zwar nicht direkt in ihrem Fokus, doch sie schauten sich das Lokal an. Die Zeiten waren anders. Das Wirtshaus, ein Beisel, ein Gastgarten, das war damals noch viel wichtiger als heute. Es waren verlängerte Wohnzimmer, es gab ja auch nicht in jedem Haus einen Fernseher. Kommunikation fand draußen statt, Freunde, Bekannte traf man im Wirtshaus. Das Ecklokal gefiel ihnen, sie übernahmen es und bauten es aus. Später dann gab es auf der Straße, an der das Lokal lag, immer mehr Verkehr, sodass wir den Gastgarten schließen mussten und stattdessen einen Wintergarten bauten.

Einige Zeit danach hat uns ein Stammgast darauf aufmerksam gemacht, dass die Meierei im Stadtpark ausgeschrieben war –

die wir nach langem Hin und Her übernehmen konnten, aber von Grund auf sanieren mussten. Allerdings war das ein viel größeres Haus als das alte mit mehr als 2000 Quadratmetern auf vier Ebenen. So planten wir ein zweites Lokal. Es sollte etwas Einfacheres, Schlichtes sein; für jeden Tag und jedermann/-frau. Die Mutter auf dem Spielplatz sollte genauso angesprochen werden wie der Student auf der Wiese, wir wollten auch ihnen einen Kaffee anbieten, eine einfache Vesper. Die Meierei basierte ja auf der Produktion von Milch und Milchprodukten. Käse war immer ein Teil unseres Gastgebertums gewesen – und so passte am Ende alles zusammen und führte zu dieser Symbiose. Zum einen das Gourmetrestaurant, das Steirereck, und zum anderen die Meierei, ein legeres Lokal, günstiger, das sich auf den Käse und die Milchprodukte konzentrierte.

Ein Kalbsschnitzel, ein Kalbsbeuschel und eine Rahmsuppe. Mit der Zeit haben wir unser Angebot sukzessive weiter ausgebaut. Superfrühstück den ganzen Tag über, es gibt immer etwas zu essen, du kannst immer kommen, musst nicht reservieren. Ein unkompliziertes Konzept und auch preislich sympathisch.

Mit dem Steirereck und der Meierei in Wien und dem Wirtshaus Steirereck am Pogusch in der Steiermark auf 1100 Meter Höhe bewirtschaften wir drei Betriebe. die alle ganz verschieden sind. Es ist ein Kreis, in dem sich unsere Klientel wohlfühlen kann, ganz nach Laune.

In der Steiermark haben wir auch einen landwirtschaftlichen Betrieb und schlachten selbst. Wir züchten mit 150 Muttertieren unsere eigenen Lämmer, wir haben Schweine und Hühner für die eigenen Eier und das Fleisch.

Die Lebensmittel stehen im Zentrum unserer Arbeit. Die hiesigen Produzenten kennen wir natürlich. International ist es schwieriger. Wenn ich an das Steirereck der 70er-Jahre denke, da war es ja fast Standard, dass das Gemüse aus Dosen kam. Es gab wenig Frischware. Ich habe noch Fotos vom Opel Kadett Kombi, der vollgefüllt war mit Dosen, heute unfassbar.

Erst die Neugründung der Wiener Küche legte wieder Wert auf frische Produkte. Es kamen dann die Jahre, in denen alles interessanter war als das, was wir in Österreich hatten. Will heißen: der Hummer, der Wein, die Kebabs. Doch da schon meine Schwiegereltern einen engen Bezug zu Lieferanten in der Steiermark hatten, gab es immer Fleisch von dort. Wir wussten, wie die Tiere gehalten, gezüchtet werden und aus welchem Umfeld sie kommen. Mein Mann hat seinen Beruf in Betrieben gelernt, in denen man auf edle verfügbare Produkte geachtet hat. Das haben wir uns nach und nach zu eigen gemacht.

Seit 12 Jahren arbeiten wir zum Beispiel nur noch mit einheimischen Süßwasserfischen, außer ab und zu Meeresfrüchte oder Kaviar. Eine Suppe kann einen »einheimischen Geschmack« haben und die Vielfalt ist ganz wunderbar. Jeder kennt natürlich die Forelle, doch es gibt auch so viele andere Fische – die man weniger kennt. Das waren und sind auch für die Kunden neue Geschmackserlebnisse. Seit Jahren reisen wir auch zwei-, dreimal im Jahr zu unseren Produzenten, mit unseren Mitarbeitern, so 20 bis 30 Leute. Einmal ist es der Taubenzüchter, dann der Gemüsebauer, der Reis-, der Spargelbauer. Wir wollen, dass unsere Mitarbeiter die Menschen hinter den Produkten kennenlernen, mit ihnen ihr Wissen über ihre Arbeit teilen.

Der heutige Gast ist viel informierter, gebildeter und kritischer als früher. Das hat mit dem Internet zu tun. Wenn man etwas nicht kennt oder etwas nicht weiß, wird gegoogelt. Was ist denn das jetzt, wie schaut das aus?

Auch gibt es so etwas wie einen neuen Patriotismus. Wir haben das Glück, dass dem kleinen Österreich nicht so viel Landwirtschaft verloren gegangen ist, so kann jeder, der sich dafür auch nur ein bisschen interessiert, wieder schneller einen Bezug herstellen. Kommt hinzu, dass auch das Marktangebot von einheimischen Produkten viel größer geworden ist. Deshalb geben wir zu den einzelnen Gerichten eine kleine Karte dazu, die das Gericht erklärt. Ein Gast hat uns vor Jahren darauf aufmerksam gemacht, dass es lästig ist, wenn einem der Kellner alle 15 Minuten wieder etwas Neues erklären will. Als Gastgeber will ich, dass jeder weiß, was er bekommt, und ob wir seine Erwartungen erfüllt haben.

Unsere Basis ist auf jeden Fall die Kenntnis der Produkte. Von Anfang bis Ende, von Kopf bis Fuß bei den Tieren. Um ein Produkt zu verstehen, muss man den gesamten Zyklus kennen. Es ist essentiell, gerade beim Fleisch, aber auch bei Käse, bei allem, was wächst. Woher kommt etwas, was ist seine Geschichte? Wir haben vor kurzem einen Workshop gemacht mit unseren Leuten, bei dem es um die Innereien ging. Wir zeigten sechs verschiedene Beuschel von Kälbern. Da sieht man dann den zum Teil dramatischen Unterschied zwischen einem richtigen Milchkalb, einem Rauhfuttermilchkalb, einem holländischen Mastkalb und einem österreichischen Biomilchkalb. Was passiert mit den Tieren, wenn sie so oder so gehalten werden? Was ändert sich mit verschiedener Fütterung? Was bedeutet das für die Zubereitung? Besser, schlechter, gleich?

Wir schlachten selbst, das gehört dazu, die klassische Küche fußt auf dem Verwerten des Ganzen. Danach gehört aber auch das Aufräumen, Aufwaschen dazu. Natürlich nicht nur beim Fleisch.

Was wir vermitteln müssen, ist, dass einer ein Leben lang Freude an dieser Arbeit haben kann. Wie man sich die Neugierde erhält. Man hat nie ausgelernt. Und es geht nicht nur bloß um den Beruf, die Emotion muss mitspielen. Jeder Koch kennt natürlich Phasen des Scheiterns, des Überdrüberhupfens. Aber findet dann seinen Weg. Auf dem er sich wohlfühlt und er die Dinge tut, wie er sie für gut befindet.

Wir haben insgesamt 35 ausgelernte Köche im Haus. Viele bleiben mehrere Jahre, wir wollen, dass die Leute auch mindestens ein bis zwei bis drei Jahre bleiben. Und wir haben fünf Lehrlinge.

Man kann sonst nicht so aufwendig arbeiten. Nicht so wie in den 70ern, in denen der Koch der Sklave war. Das geht heute eleganter. In unserem Haus können wir ein gutes, ein hochwertiges Produkt auch in kleinen Mengen produzieren, und es kommt nur auf den Teller, wenn es zu uns passt. Das ist die Plattform, über die vielleicht auch jemand anderes darauf aufmerksam wird. Mein Mann pflegt zu sagen: »Unsere Aufgabe ist es, die Erzeugnisse Österreichs im schönsten Licht zu zeigen.« Das soll nicht heißen, dass nur Österreich gute Produkte hat, und wir schließen ja andere, ausländische Einflüsse nicht aus. Doch wir haben Beuscherl immer auf der Karte, auch ein Gulasch fehlt nie. Das sind Klassiker, die müssen nicht neu erfunden werden. Perfekte Speisen, perfekt gemacht. Auch ein Schnitzel muss nicht fliegen lernen, Butterschmalz in die Pfanne, richtig gebacken und fertig. Modernität, aber nicht extrem, dazu gehört auch das Bewahren des Klassischen.

# 7

# AUS BILDUNG

Das Institut Paul Bocuse bietet in Écully bei Lyon einen dreijährigen Lehrgang an. Mit dem Bocuse-Diplom in der Tasche geht es dann hinaus in die weite Welt. Der Name des 2018 verstorbenen Superstars der französischen Küche garantiert einen guten Start in den Kosmos der professionellen Köche. Die Ausbildung kostet rund 50 000 Euro. Culinary Institute Kul IN nennt sich eine private Fachschule in Kroatien, die mit internationalen Zertifikaten winkt und an verschiedenen Standorten in Kroatien und Italien Ausbildungsgänge und Praktika anbietet. Kosten für einen zehnmonatigen Lehrgang, der mit dem Titel »Professioneller Koch der italienischen Küche« abschließt: 19 000 Euro. In den USA ist die Ausbildung zum Koch ein Geschäftsmodell und wird von über 1000 Schulen angeboten. Die Lehrgänge dauern von wenigen Wochen bis hin zu fünf Jahren. Dementsprechend variieren die Kosten. The Culinary Institute of America, gegründet 1946, dürfte die renommierteste gastronomische Fachschule der USA sein. Vier Jahre lang lebt und kocht man dort an verschiedenen Standorten, in New York, Texas, Kalifornien oder Singapur. Je nach Standort kostet es etwas mehr oder etwas weniger, im Schnitt etwa 16 000 US-Dollar pro Semester. Macht dann flotte 128 000 Dollar die der Student, staatliche Förderung gibt es nicht, als Schuldenberg aus der Ausbildung mitnimmt. In der San Francisco Cooking School kann man einen kulinarischen Titel in nur sechs Monaten erkochen und bezahlt dafür 30 000 Dollar. Schnell, praktisch, effizient. Die umfassendste Ausbildung, die für Geld zu haben ist, gibt es in der Universität der gastronomischen Wissenschaften in Bra in Norditalien. Keine Kochschule, eher eine ganzheitliche Qualifizierung rund um das Thema Gastronomie, Gastrosophie und Produktion. Ein Studienjahr schlägt mit 14 000 bis 19 000 Euro zu Buche und ist damit vergleichsweise günstig.

Weltweit sind die meisten gastronomischen Ausbildungsstätten in den Händen unternehmerischer Anbieter. Es sind private Universitäten oder private höhere Fachschulen, die, gerne im Rahmen von Gesamtpaketen, Hotelmanagement, Tourismus sowie eine kulinarische Ausbildung mit einschließen. Hotelfachschulen sind selten staatlich geführt. Sie arbeiten gewinnorientiert. Wer sich auf die Küche spezialisiert, erhält ein Diplom, auf dem »Chef« steht.

Besser ist das in einigen Ländern existierende duale Bildungsangebot, bei dem Betrieb und Berufsschule miteinander verknüpft werden. Diese »Lehre« wird mit einem staatlich anerkannten Diplom abgeschlossen. Eine Lehre kostet nichts, im Gegenteil, der »Stift« erhält einen – allerdings bescheidenen – Lehrlingslohn. Zudem sind die Gesellen, die sich nach den Abschlussprüfungen auf dem Arbeitsmarkt anbieten, Handwerker mit Berufserfahrung. Weiterbildungsmöglichkeiten wie Fachschulen, Berufsabitur und Zugang zu Universitäten werden in ausgebauten Karrieremodellen angeboten, sie sind erschwinglich und erreichbar. Für Ausbildungsberufe gibt es kein besseres Modell. Je nach den Anforderungen eines Standes dauern diese Lehrzeiten zwischen zwei und vier Jahren. Der nächste Schritt ist dann der Erwerb eines Meisterdiploms, auch wenn dieses Meisterdiplom an Bedeutung verloren hat. Früher galt ein Meisterbrief schon fast als Auszeichnung. Heute sucht ein Geselle, der eine Weiterentwicklung seiner »Skills« im tertiären Bildungsprogrammangebot anstrebt, zum Beispiel eine dreijährige Hotelfachschule. Er ist nach einer Gesamtausbildungszeit von sechs Jahren ein gastgeberischer Experte mit dem dementsprechenden Wissen. Diese sechs Jahre entsprechen etwa der durchschnittlichen Dauer eines Medizinstudiums.

Die weltweit agierenden Köche sind weder nach einem gemeinsamen Lehrplan noch aufgrund einheitlicher Anforderungen, die der Beruf stellt, ausgebildet worden. Von Instituten zu den Universitäten bis hin zu den Lehrbetrieben – überall gibt es verschiedene Konzepte. Küchentechnik fängt bei der Handhabung eines Messers an. Das Bedienen einer computergesteuerten Kochmaschine, die auf Knopfdruck Königsberger Klopse ausspuckt, kommt erst später dazu. Internationale Cateringfirmen unterhalten sterile Großküchen, in denen Verpflegung für Passagiere von Langstreckenflügen zubereitet wird. An anderen Arbeitsplätzen, Kantinen zum Beispiel, dampft einfachste Nahrung für hungrige Bauarbeiter in großen Töpfen. Die mit Marmor, Holz und Chromstahl inneneingerichtete Designerküche, in der ein Starkoch mit der Pipette einen Tropfen Sauerampferessenz auf das pochierte Ei appliziert, lässt sich nicht vergleichen mit einem währschaften Landgasthof, wo im angeschlossenen Bauernbetrieb selbst geschlachtet wird. Die kulinarische Bandbreite hat zunächst nichts mit der Zubereitung von Essen und Trinken zu tun, sondern nimmt ihren Anfang bei Produkten, Produktionsmethoden, Produzenten und zieht sich durch sämtliche Tätigkeiten bis hin zum Auftragen der Speisen, Tischordnungen und Berufskleidung hindurch. Der Austausch mit einer Vielzahl von Fachleuten aus anderen Berufen fehlt. Nicht nur Tätigkeiten wie Metzgen, Backen, Mahlen von Getreide und Fangen von Fischen müssen dem Koch zumindest in ihren Grundzügen begreiflich sein, er muss auch wissen, wie sein Essen auf die Gesundheit, auf die physische und psychische Befindlichkeit seines Gastes einwirkt, er muss die Wirkungen der Speisen kennen, den Rausch des Weines, die Reifezeiten der Früchte, des Korns und der Vegetabilien. Er sollte wissen, wie man einen Ofen baut, ein Kochfeuer schürt, einen Konvektomaten bedient, ein Messer schleift. Und er sollte auch wissen, wie man einen Tisch deckt, einen Gast begrüßt und eine Hochzeit organisiert. Wenn er nicht rechnen kann, braucht er einen Buchhalter, wenn er vor Sorgen oder Aufregung nicht schlafen kann, ein Schlafmittel. Das darf auch ein warmes Bier sein.

Was aber ist die Basis, auf der sich all diese einzelnen Aspekte zusammenfügen lassen? Was ist das Grundwissen, das es braucht, um aus einem Lehrling einen Commis, aus einem Commis einen Chef de Partie, aus einem Chef de Partie einen Chef de Cuisine, aus einem Chef de Cuisine einen Gastronomen und Gastrosophen zu machen?

Gastrosophie, die Weisheit des Bauches, ist, wie es klingt, eine Verwandte der Philosophie. »Was soll das denn sein?«, runzelt der unerschütterliche Bildungsbürger die Stirn. Zu früh gerunzelt. Die Verbindung von natur- und geisteswissenschaftlichen Bereichen ist nicht erst seit gestern fester Bestandteil der Kosmovision großer Denker und Köche. Epikur erklärte bereits ein paar hundert Jahre vor Christus den Bauch zur Wurzel des Guten. Sokrates pflegte das Gastmahl, Montaigne setzte Akzente in seinem Werk, mit denen er die Zusammenhänge von Lust, Geschmack, Essen und Leben betonte, Descartes machte sich Gedanken über Ernährung und Geist. Die Liste berühmter Kopfarbeiter und Naturwissenschaftler, die sich mit der Gastronomie beschäftigten, ließe sich leicht verlängern. Die Schwierigkeit, sie als Gastrosophen zu erkennen, liegt darin, dass in ihren Schriften gastrosophische Erkenntnisse immer nur als Teile ihrer ganzheitlichen Betrachtungen zu finden sind. Verschiedenste wissenschaftliche Bereiche werden mit einbezogen. Ernährungssoziologie, Nahrungsforschung, Kultur- und Kunstgeschichte, Anthropologie, Ökotrophologie, Medizin und

Philosophie. Um nur einige zu nennen. Als eigene Wissenschaft hat die Gastrosophie nur an wenigen Universitäten Einzug gehalten, was auch daran liegt, dass man den Gastrosophen äußerst schwer einordnen kann. Ist er nun ein Akademiker oder einfach ein hinterfragender Genießer? Ein praktisch denkender Philosoph oder ein Tüftler am Herd, ein feinsinniger Gastgeber oder eine Art medizinischer Berater?

In den Ausbildungswegen zum Koch und Gastronomen wird eine kulinarische Weltbetrachtung kaum je angesprochen. Zweifellos ein Fehler. Denn es gab (und gibt) Köche, die sich autodidaktisch in wissenschaftliche Gebiete kulinarischen Denkens hineingewagt haben. Ein tiefergehendes Verständnis für das eigene Tun ist gerade am Anfang eines Berufslebens ein wichtiger Teil der Motivation. Jean Anthelme Brillat-Savarin mit seiner Physiologie des Geschmacks und Carl Friedrich von Rumohr mit seinen Essays gehören auf den Lehrplan. Dazu noch einer der modernen zeitgenössischen Gastrosophen wie der Amerikaner Michael Pollan.

Übrigens: Leonardo da Vinci hat als junger Mann zunächst Koch gelernt. Später am Hofe der Sforzas in Mailand war er 30 Jahre lang Küchenmeister, Organisator und Gestalter von Festen und Banketten, Verfasser einiger Schriften zu gastrosophischen Themen und Erfinder von Küchenmaschinen. Unter anderem dem Mixer.

Und noch ein Übrigens: Ho Chi Minh, der vietnamesische Politiker und Revolutionär, Sieger über die Franzosen und Amerikaner im Indochina- und späteren Vietnamkrieg war jahrelang Koch in Paris. In der Brigade von Auguste Escoffier.

Es wäre langweilig, wenn wir alle die gleichen Träume, Geschmäcker und Wünsche hätten. Zum Malen braucht es Farben, zum Musizieren Instrumente und zum Kochen Wasser. Wir kommen damit noch einmal zur Frage nach der Basis, das heißt: Was braucht es, um den Lebensmittelpunkt Ernährung zu erkennen? Auch wenn es abgenutzte Schlagworte sind, die in den letzten Jahren zum Überdruss aus jeder Ecke getrötet wurden, ich muss sie trotzdem wiederholen: Regional und saisonal. Nicht die Regionen und Saisons anderer Landstriche sind damit gemeint, sondern die eigene Region, eigene Saison. Das betrifft nicht nur die Reifezeit der Erdbeeren und des Getreides, es geht um das Ganze, um alles. Es geht um das Holz, aus dem der Küchentisch geschreinert wurde, und um die Schwalbennester über dem Getreidesilo. Es geht um den Dialekt, in dem Gast und Gastgeber sich unterhalten, um das, was mit dem abgenagten Hühnerbein passiert, und um die Figur und die langen Beine der Bankangestellten, die unsere Zahlungen bearbeitet. Es geht um die Automarke des Patrons, um das Konzert des Schulfreundes im Gemeindezentrum. Es geht um den ersten Rausch, den ersten Sex, die erste Schlägerei und den Tag, an dem der Regen auf das Dach trommelte und es einem so richtig schlecht ging. Es geht um die erste Beerdigung, den Sturz mit dem Fahrrad, die Schnecken im Salat und die steif gefrorene Katze des Nachbarn im Januar.

Regionales Wissen und Kenntnis dessen, was gegenständlich vorhanden ist, verbindet sich auch mit dem, was nicht mehr zu fassen, sondern nur noch zu fühlen, zu spüren ist. Beim Kochen geht es um die Transformation des Gegenständlichen in eine andere, in eine genießbare Form. Das betrifft die nicht materielle Anwesenheit von Gefühlen, Geistern, Träumen und Wünschen so gut wie die Kartoffeln, wie Rindfleisch und Spinat. Diese, meinetwegen feinstofflichen, Zutaten, der Scherz des Straßenreinigers, das Lächeln der Verkäuferin, der Hund, der weit weg bellt, und das Flackern der Neonröhre im Schaufenster des Friseursalons gegenüber, sie alle machen den Geschmack der Suppe aus.

Es geht immer um viel mehr, als man denkt, und es geht immer darum, aus dem Vielen das Wenige zu nehmen. Das Wesentliche. Das, was genau hier und jetzt passt. Das, was auf den Tisch kommt.

Wenn dann all diese Erfahrungen gemacht worden sind und einem der ewig gleiche grüne Schnittlauch zum Halse heraushängt, ist es Zeit, auf die Reise zu gehen. Reisen bildet. Und Kompetenz wird erworben durch die Anwendung des Gelernten. Überall auf der Welt haben wir es mit »Region« und »Saison« zu tun. Aber überall anders. Was dem einen sein Schnittlauch, ist dem anderen sein Koriander. Auf der Reise durch Küchen und Gaststuben, von Herd zu Herd, kommt zu dem bekannten Regionalen und Saisonalen das Neue hinzu. Diese Reise kann, darf und soll so lange dauern, bis ein Ort zum Bleiben gefunden ist. Wenn das Fernweh gestillt und die Neugier auf alles befriedigt ist. Dank des an tausend Feuern bewährten Handwerks entfaltet sich die Kunst, das Gelernte und Erlebte anzuwenden.

### Und dazu eine Geschichte:

Schon bald nach dem Abschluss meiner Lehrzeit ging ich hinaus in die Welt. Eine erste große Reise führte mich in die Vereinigten Staaten und dort nach New Orleans. Die Mischung aus französischen, spanischen, afrikanischen und amerikanischen Zutaten, die den Charakter der Stadt ausmachten, faszinierte mich. Ich kochte in kleinen Restaurants, fuhr als Eisverkäufer durch die Gegend, machte Gelegenheitsarbeiten, kellnerte in Kolbs German Restaurant und in einer italienischen Trattoria an der Bourbon Street. Ich schlug mich durch. Jimmy Carters liberale

Regierung versuchte ein freundliches Amerikabild zu bauen, die Wunden des Vietnamkrieges zu heilen. Nicht Amerika, New Orleans gefiel mir. Der Jazz, die Bluegrassbands, der verrückte Karneval Mardi Gras. Zydeco, diese afrikanisch-französische Lebensfreude, tanzbar gemacht mit Akkordeon und Waschbrett. »Laissez les bon temps rouler!« Es wurde gelebt und gesungen. In Joes Snack Bar arbeitete ich von vier Uhr nachmittags bis vier Uhr morgens. Dann kehrte ich auf dem Heimweg noch auf ein morgendliches Bier in Mollys Irish Pub ein, setzte mich mit dem dicken Bartender auf die Treppe, während aus der Musikbox »Sitting on the dock of the bay« ertönte. Er war ein melancholischer Vietnamveteran, 23 Jahre alt – wie ich. Unsere Welten, meine heile und seine zerbrochene, harmonierten in diesen Morgendämmerungen. Wir schwiegen, hörten alte Songs und rauchten Lucky Strikes ohne Filter. Ich wäre gerne dort geblieben. Doch eines Tages erreichte mich ein Brief aus der Schweiz. Mein Vater schrieb, ich müsse sofort zurückkommen. Ich hatte eine in der Schweiz übliche Reserveübung der Armee unabgemeldet verpasst und wurde jetzt unter Androhung einer Gefängnisstrafe aufgefordert, im Februar 1977 einzurücken. Damals war der »Dienst« obligatorisch. Verweigern gab es nicht und nichterscheinen hatte üble Konsequenzen. Es blieb kein Ausweg, zumal mir die US-Einwanderungsbehörde auch keine dauerhafte Aufenthaltsbewilligung geben wollte.

Mein sauer verdientes Geld, der Inhalt einer leeren Flasche, vollgestopft mit Münzen, Ein- und Fünfdollarscheinen, war fällig, die Flasche musste scherben. Es reichte gerade für einen einfachen Flug von New York nach Luxemburg. Hitchhikend schaffte ich es bis zum JFK Flughafen, hitchhikend von Luxemburg nach Dübendorf ins Elternhaus. Freitagnacht kam ich an. Ich war fast zwei Jahre unterwegs gewesen. Drei Tage später lag ich bereits im gefleckten Anzug im pulvrigen Neuschnee, erschoss gelbe, rote und grüne Luftballons, hetzte dann eine steile Steigung im Berner Jura hinauf, um einem Leutnant zu gehorchen, der ernsthaft an den baldigen Einmarsch der Roten Armee in Europa glaubte.

Bald nach diesem martialischen Ausflug ging ich ins Büro Metro in Zürich. Dort, in einer zu Geschäftsräumen umgebauten Dreizimmerwohnung, vermittelte Frau Vreni Siegenthaler gastronomisches Personal ins Ausland. Sie vermittelte auch Köche auf Kreuzfahrtschiffe – das interessierte mich.

Das frisch gebaute Schiff »Cunard Princess« lag in jenen Tagen in Genua. Gerade war man fertig geworden mit den luxuriösen Inneneinrichtungen. Das brandneue Teil sollte nach New York dampfen, dort erste Passagiere aufnehmen, um in den nächsten Monaten die Küste Südamerikas und die Karibik zu befahren. Mit 350 Mann Besatzung war die »Princess« eingerichtet für 1000 Passagiere. Frau Siegenthaler, mit der ich schnell einig wurde, drückte mir ein Eisenbahnticket nach Genua in die Hand, nachdem ich den Vertrag als Commis Garde Manger unterschrieben hatte. Zwei Tage später war ich an Bord. Alles roch nach frischer Farbe, alles war Neuland für mich.

Bei der Überfahrt nach New York geriet das passagierlose und daher leichte Schiff in einen grausligen Sturm. Ronnie, ein weiterer Schweizer, und ich waren in eine Passagierkabine eingewiesen worden, dessen Fensterfront – nix Bullauge – den Blick mal in den Himmel und dann wieder in die brodelnden Wellentäler freigab. Wir arbeiteten nur für die Mannschaft. Berge von Sandwiches mussten gemacht werden. In der heftig schaukelnden Riesenkombüse war mir schlecht wie Teufel. Das ganze Schiff stank nach Kotze und frischer Farbe. Das Schaukeln und Stottern von 17 000 Bruttoregistertonnen, wenn sich der Bug der »Princess« in ein Wellental senkte und sich dann in die nächste Wasserwand bohrte, war so unberechenbar, dass es einen von den Beinen reißen konnte. Mit dem Sandwich-Tablett in der Hand. Kochen im eigentlichen Sinn war gar nicht mehr möglich. Es hätte die Töpfe vom Herd gefegt. Der Sturm dauerte drei Tage.

Wir kamen mit erheblicher Verspätung in New York an. Am Pier in Manhattan liegend, hatten wir nur drei Tage Zeit, bevor die Passagiere aufs Schiff kamen. Vorräte wurden an Bord genommen, die Küche wurde auf Vordermann gebracht, Schäden wurden geflickt. Im Garde Manger erhielten wir die Menüpläne für die täglichen Bankette. Weitere Küchentiger kamen an Bord, vor allem Männer aus der Karibik, Küchenhelfer, keine ausgebildeten Leute. Ronnie und ich stellten mit Schrecken fest, dass wir die Verantwortung für die gesamte kalte Küche mit Showstücken, Salaten, Terrinen, kalten Fleisch- und Fischgerichten allein hatten. Mit einer Brigade von zehn Leuten. Schnell merkten wir, dass diese Männer, alle älter und erfahrener als wir und auf verschiedensten Schiffen tätig gewesen, die anfallenden Arbeiten aus dem Effeff beherrschten. Offenbar waren sie es gewohnt, »Chefs« aus Europa vor die Nase gesetzt zu bekommen. Dank ihnen und dank einer perfekt eingerichteten Großküche war es dann auch möglich, die Passagiere mit allem, was wir bieten konnten, zufriedenzustellen. Wir verarbeiteten Tonnen von Lebensmitteln. Sieben Tage in der Woche.

Alle dreißig Tage waren wir in New York. Alles ging von Bord, zwei Tage Liegezeit, dann ging eine neue Tour los. An der 52. Street gab es eine Bar, die ich jeweils an diesem einzigen freien Abend im Monat besuchte. Mc Anns Bar. Dort lernte ich eine junge Frau kennen, eine Latina namens Monica, die mich bei unserer ersten Begegnung mit den Worten: »Lets go, handsome« einfach mit zu sich nahm. Nach dieser ersten Begegnung war der Weg zu Mc Anns vorgegeben. Ich hatte von Monica nie eine Telefonnummer, doch ich traf sie zuverlässig einmal im Monat in Mc Anns. Ich liebte sie! Auch wenn mich jeder Besuch bei ihr, bei dem ich die ganze Nacht bleiben durfte, hundert Dollar kostete.

Arbeiten wie blöd ging auf die Dauer nicht. Nach sechs Monaten war ich körperlich am Ende. Als ich mit meinen Siebensachen von Bord ging, stand schon der von der Metro entsandte Neue unten am Gangway. Ein letzter Besuch bei Monica fand nicht statt. Sie war nicht bei Mc Ann, als ich dort vorbeischaute, und am nächsten Morgen ging bereits mein Flug nach Zürich. Ich habe nie wieder von ihr gehört.

## Romana Echensperger

Sommelière und Master of Wine

Ich will niemanden vor den Kopf stoßen, ich weiß ja, dass die Konventionellen keine bösen Buben oder Mädels sind, ich mag das Schwarz-Weiß nicht. Mein Buch, »Von der Freiheit, den richtigen Wein zu machen«, argumentiert nicht gegen die konventionelle Wirtschaftsweise. Ich beschäftige mich seit vielen Jahren mit Bio-Weinen, von denen ich überzeugt bin. Im Zuge meiner Master of Wine-Ausbildung habe ich zudem sehr spannende Leute kennengelernt, die biodynamisch wirtschaften. Also den Empfehlungen des Anthroposophen Rudolf Steiner folgen. Es hatten damals – 2015 – schon viele Weingüter auf Biodynamie umgestellt. Ich habe ein paar dieser Höfe kennengelernt, und schon bald entstand eine Leidenschaft für diese Weine, die mich hoffen lässt, dass diese Bewegung und die Biobranche allgemein weiter wachsen. Allerdings ist das nicht einfach. Denn die politischen Rahmenbedingungen stimmen nicht. Was schiefläuft in der Landwirtschaft, ist nicht die Schuld der konventionellen Bauern oder Winzer. Es gibt eine Agrarindustrie-Lobby, die zu viel Einfluss auf die Politik hat. So steht der kleine Bauer mit dem Rücken zur Wand. Da noch draufhauen ist nicht zielführend. Man muss sich immer fragen: Wem nutzt es, wenn sich die Biologischen und die Konventionellen an den Hals gehen? Es spielt den Falschen in die Hände.

Wir müssen gemeinsam für eine Politik kämpfen, die tatsächlich Nachhaltigkeit fördert. Es ist ein Skandal, dass die Agrarreform der EU erneut ein Rohrkrepierer ist. Es ist sehr fragwürdig, dass sich die Kommissionspräsidentin für einen »New Green Deal« feiern lässt, aber die Konservativen sich dem Druck der Agrarlobby gebeugt haben. So werden 70 Prozent der 390 Milliarden Subventionen an landwirtschaftliche Betriebe gehen – ohne Auflagen für mehr Klima- und Artenschutz. Es werden wieder vor allem die großen industrialisierten Betriebe gefördert. Damit wurde eine große Chance vertan.

Daher braucht es Solidarität mit und unter den Landwirten, um gemeinsam aus der Misere rauszukommen. So gesehen, bin ich natürlich in Opposition, aber nicht zur konventionellen Landwirtschaft, sondern zur gängigen Agrarpolitik.

Das fängt damit an, die Behauptungen zu hinterfragen, Bio könne man nicht bezahlen oder der Verbraucher würde ja eh nur das Billige wollen. Ich wohne in München, und wenn man dort eine Wohnung bezahlen muss sowie zwei Kinder groß kriegen will, da ist bei vielen am Ende des Geldes noch viel Monat übrig. Aber wenn man die Steuermittel rechnet, die in eine absurde Agrarpolitik gepumpt werden, und dazu noch die tatsächlichen Kosten ermittelt, die eine naturfeindliche Landwirtschaftsform verursacht, wird einem bewusst, welche Pappkameraden die Politik da hinstellt. Wenn wir die tatsächlichen Kosten der Erzeugung in den Lebensmittelpreis einbeziehen würden, dann müssten etwa die Nitratbelastung des Grundwassers oder Klimaschäden und Biodiversitätsverlust und vieles mehr auf den Preis aufgeschlagen werden, den der Verbraucher für ein Lebensmittel bezahlt. Wenn man das bedenkt, müssten doch besser die Bioprodukte subventioniert werden und damit billig sein und nicht das Schnitzel aus der Massentierhaltung.

Ich höre Corona. Aber wie viele Menschen sterben zum Beispiel an und mit multiresistenten Keimen im Krankenhaus? Da fragt man sich nach den Verhältnismäßigkeiten. Wegen Corona machen wir völlig berechtigt Lockdowns, aber eine tierfeindliche Nutztierhaltung mit extremem Einsatz von Antibiotika wird nicht untersagt. Nur um 10 000 Schweine oder mehr in einem Stall halten zu können, die dann auch noch billigst geschlachtet werden, indem man die Arbeiter in den Schlachthöfen übelst ausbeutet. Das macht einen sprachlos.

Das sind wirklich dicke Bretter, die die Politik da bohren muss. Doch daran führt kein Weg vorbei. Es wird bald einen enormen Wandel in der Landwirtschaft geben müssen, weil uns die Umstände dazu zwingen werden. Die konventionelle Art, Landwirtschaft zu betreiben, war nämlich vor allem möglich, weil es mit Erdöl billige Energie gab und ein ausgeglichenes Klima die brutale Bodenbehandlung wettmachte. Beides kommt an ein Ende. Von daher stimmt auch die Behauptung nicht, mit Biomethoden könne man die Welt nicht ernähren. Das Gegenteil ist der Fall. Wenn wir die Böden weiter so behandeln, wird es bei zunehmenden Wetterextremen in Zukunft schwierig sein, dieses Ertragsniveau zu halten. Natürlich müssen wir uns auch Gedanken machen, weniger Fleisch zu essen und vor allem weniger wegzuwerfen. Wenn man sieht, wie viele Lebensmittel achtlos weggeworfen werden, ist die Welternährungsfrage doch eher ein Verteilungs- als ein Erzeugungsproblem.

Die Politik will bislang noch den Status quo erhalten. Aber alte Gewissheiten lösen sich auf und neue Antworten werden gesucht. Diesen Prozess beschleunigt die Corona-Krise noch zusätzlich. Dass die Politik hier auch Veränderungen initiiert, liegt auch an uns. Wir müssen mehr denn je mündige und aufgeklärte Bürger sein und die Politiker unterstützen, die auch mal unbequem sind, die anecken. Wir brauchen wieder eine gute Streitkultur und eine offene politische Auseinandersetzung. Wir müssen um die besten Lösungen ringen. Wenn wir nur bequem und dauerberieselt auf dem Sofa liegen und ab und zu »Alexa Pizza« grunzen, werden wir das 21. Jahrhundert nicht meistern. Dann entscheiden große Konzerne, nicht nur was wir essen oder konsumieren, sondern auch lesen, hören, anschauen und damit denken. Unsere Bequemlichkeit führt in fatale Abhängigkeiten und am Ende in eine Diktatur.

Widerstand dagegen beginnt für mich mit der Wahl von Essen und Trinken. Geschmack ist daher für mich auch politisch. Man kann das Gute, das Authentische schmecken. Zurück zum Ursprung. Es braucht nicht hier noch ein Papier und dort eine Zertifizierung. Man muss keine Studien machen, bevor man sich ein Joghurt kauft. Wenn man achtsam schmeckt, spürt man den Unterschied zwischen einem industriellen und einem nachhaltig erzeugten Erdbeerjoghurt. Man fühlt den Unterschied zwischen einem handwerklich gebackenen Brot und einem aufgebackenen Industrieteigling. Ich würde mir wünschen, dass bewusstes Riechen und Schmecken genauso selbstverständlich wie Denken zum Rüstzeug des mündigen Bürgers gehört.

Mein Gebiet sind Weine. Gerade die Rebe als mehrjährige Pflanze und die Traube mit ihren unzähligen Aroma- und Inhaltsstoffen reagieren besonders stark auf nachhaltige Anbaustrategien. In keinem anderen Produkt ist der Unterschied, den bio macht, so zu schmecken wie im Wein. Das fasziniert mich – wie auch die Entwicklung bei den Winzern. Es sind immer mehr Höfe dazugekommen, die zum Beispiel biodynamisch arbeiten. Von Jahr zu Jahr mehr. Nehmen wir das Beispiel Bürklin-Wolf. Weinbauern und Winzer seit 400 Jahren. Die haben nach dem Zweiten Weltkrieg, als niemand mehr deutsche Weine trinken wollte, den industriellen Weg beschritten. Und möglichst verkäufliche Modeweine gekeltert. Heute haben sie sich wieder auf ihre edlen Lagen besonnen und als eines der ersten großen

Weingüter auf bio umgestellt. Kein Kunstdünger, keine Chemie, eine neues Verständnis für den Boden, ein Bemühen um Biodiversität, um die Monokultur Weinberg zu durchbrechen, usw. So sind neue Weine entstanden und für die Menschen, die dort arbeiten, ein ganz anderes Lebensgefühl. Ein Leuchtturmbetrieb.

Auch international zieht die Bewegung weite Kreise. Die ganze Crème de la Crème im Burgund ist mittlerweile biodynamisch, auch bei den Champagnern, an der Rhône, Loire, im Elsass, in der Toskana, im Languedoc. Große Veränderungen sind überall im Gang.

Eine fabelhafte Entwicklung, die nichts mit Wollsocken und Latzhosen zu tun hat. Vorbei ist die Zeit, in der Biowein als muffig riechende Brühe neben faulenden Kartoffeln im Bioladen stand. Heute geht es um Handwerk. Die Kunst ist die, im Weinberg so zu arbeiten, dass Trauben wachsen, die in ihrer Zusammensetzung und ihrer mikrobiellen Ausstattung so perfekt sind, dass sie in sich – ohne Zusätze, außer vielleicht etwas Schwefel, was kein Problem ist – einen abgerundeten guten Wein geben. Dann braucht es nur noch Zeit. So kann man auf die vielen, von der Industrie offerierten Kellerhilfsmittel verzichten – auch um Fehler auszugleichen.

Das passt allerdings nicht zu dem Druck, schnell und billig zu produzieren, der viel zu oft in die umweltpolitische Sackgasse führt. Vor allem die Handelskonzerne machen enorm Druck auf die Erzeuger. Jedes Jahr versucht man, den Preis zu drücken. Durch die Konzentration auf der Seite der Handelskonzerne müssen sich die Erzeuger oft auf dieses ruinöse Spiel einlassen. Die Winzer können da nur überleben, indem sie immer mehr aus dem Weinberg herausholen. Ein Teufelskreis, der nur mit Kunstdünger und Pestiziden befeuert werden kann. Was rauskommt, schmeckt natürlich dementsprechend. Und wer redet von den geschundenen Böden, vom Nitrat im Trinkwasser, dem Verlust an Biodiversität, von Insektensterben und all dem.

Das ist einfach ein krankes System.

Die Fragen sind doch die: Wie schützen und erhalten wir die Böden? Wie schützt man seine Reben, ohne die Umwelt zu zerstören? Wie bekommt man einen fairen Preis für seine Produkte? Wie kann hier eine vernünftige Subventionspolitik aussehen?

Wein ist ein uraltes Kulturgut. Vom verantwortungsvollen Weintrinker erwartet man, dass er die Balance hält, es nicht übertreibt. Leute, die sich nur besaufen, sind primitiv. Nur wer Maß hält, kann sich in einen beseelten Zustand bringen, der den Staub des Alltags vom Gemüt spült. Der eine Tür zu einer erweiterten Welt öffnet.

Wein braucht es nicht zum Überleben, das kannst du auch mit Wasser und Brot – so wenig wie man Musik und Literatur braucht. Was aber wären wir Menschen für traurige, armselige Gestalten ohne diese Nahrungen für den Geist?

# 8

# WIRTSCHAFT UND WIRTSCHAFT

»Wer nichts wird, wird Wirt« ist einer dieser Sprüche, die man manchmal von bescheiden denkenden Mitbürgern zu hören bekommt. Was steckt hinter dieser etwas gehässigen Bemerkung? Gastwirt zu sein, ist einer der Traumberufe dieser Welt. Tausende wollen diesen Schritt wagen. Zunächst einmal lockt die erhoffte Selbstständigkeit. Sein eigener Herr sein – das wollen viele Menschen. Nicht mehr von geizigen und fordernden Arbeitgebern abhängig sein. Was man erarbeitet, gehört einem auch. Man hat viele Freunde, denen man Freude bereitet und die dafür im Gegenzug ihr Geld in die Gastwirtschaft tragen.

Den Traum erfüllen sich erstaunlich viele Branchenfremde. Unter den Wirten findet man alle Berufe und Stände. Es gibt abgehalfterte Universitätsprofessoren, frühpensionierte Polizisten, erfolglose Rocksänger, enterbte Bauern oder farbenblinde Grafiker, die, mehr oder weniger von vorhergehenden Tätigkeiten enttäuscht, sich hoffnungsfroh in die Gastgeberei stürzen. Hoch gespannte Erwartungen leiten den Untergang ein. Das Aus ist bitter, die Ersparnisse sind verbraucht, die Kredite verpufft. In einem Spinnennetz von Abhängigkeiten und Verpflichtungen hat sich der unglückliche Unternehmer verfangen. Es bleibt der Offenbarungseid.

Fangen wir damit an, dass es viel zu einfach ist, eine Wirtschaft zu eröffnen. Es braucht dafür keine besondere Ausbildung. Teilweise wird in der Schweiz eine auf die Person bezogene Qualifikation verlangt: das Wirtepatent. In einer kurzen und einfachen Schulung, die auch als Onlinekurs belegt werden kann, werden dem Interessenten die gesetzlichen und betriebswirtschaftlichen Grundlagen seines Vorhabens erklärt. Jeder kann diesen Kurs absolvieren und erhält nach bestandener Abschlussprüfung das Patent. Diese Regelung wird aber nicht landesweit eingehalten. Da die Schweiz eine Föderation unabhängiger Verwaltungen, der Kantone, ist, sind die Bedingungen zur Erlangung des Wirtepatentes je nach Standort verschieden. Ein Patent, das in Solothurn Gültigkeit hat, ist in Lugano nichts wert. Es gibt Kantone, die das Wirtschaften auch ohne Patent zulassen. Dauer und Anforderungen der Kurse sind verschieden. Aber sie nützen alle nichts, wenn ein Patentinhaber keine Lust hat, hinter der Theke zu stehen. Und wenn er sein Wirtepatent lieber dem farbenblinden Grafiker, natürlich gegen einen kleinen Obolus, zur Verfügung stellt. So ist Sinn und Zweck der Patentmeierei ausgehebelt. Natürlich auch dann, wenn der Enkel mit dem Wirtepatent des Großvaters wirtschaftet.

Ich erzähle von diesen Patenten, um damit zu illustrieren, dass der gute Wille, die Startbedingungen eines Gastgewerbe-Newcomers mit einer ziemlich simplen Schulung und halb fertigen Lösungen zu verbessern, einer Schulung, die obendrauf noch einfach umgangen werden kann, nicht genügt. Das Wirtepatent in dieser Form ist ein Witz.

So verzichten denn auch die meisten Länder auf bestätigte (sprich: erlernte) Qualifikationen eines Wirtes. Vielmehr legt man Wert darauf, die Betriebe mit Konzessionen auszustatten – und damit beginnt die Beutelschneiderei, die den dornigen Weg des professionellen Wirtes begleitet. Die Konzession, die nicht etwa dem Besitzer einer Lokalität, sondern dem Pächter abverlangt wird, kostet natürlich etwas. Hier greift der Staat erstmals in die Tasche des Gastwirtes. Bevor er den ersten Kaffee serviert hat. Bedenkenlos zugreifen dürfen auch die Vermieter. Ganz egal, ob jemand eine Suppenküche für Obdachlose oder ein Edelbordell für Investmentbanker eröffnet. Der Vermieter bestimmt nach Marktlage die Höhe seines Mietzinses und verlangt eine entsprechende Kaution. Übernimmt ein Neuwirt ein bestehendes Restaurant, bezahlt er dem Vorgänger ein sogenanntes Schlüsselgeld. Das ist die Ablösesumme für Inventar und Einrichtung, für Lage, Bekanntheitsgrad und bestehende Kundschaft. Schwierig zu definieren. Es gibt dazu keine stringenten gesetzlichen Regelungen. Oft wird einfach ein Jahresumsatz als Grundlage herangezogen. Brutto – versteht sich von selbst. Logischerweise will der Vorgänger seinem Nachfolger so viel wie möglich abknöpfen. Weiter geht es mit der bei einem Besitzerwechsel anfallenden Renovation oder Umgestaltung der Räumlichkeiten. Andersfarbige Vorhänge sind kein Problem. Aber Lüftung, Kühlräume, sanitäre Anlagen und so weiter sind, nachdem sie vom Vorbesitzer 30 Jahre lang genutzt wurden, nicht mehr in bestem Zustand. In den letzten drei Dekaden haben sich nicht nur die Aggregate der Kühl- und Gefrierschränke abgenutzt, es haben sich auch die Gesetzeslage, das Baurecht und die Bewilligungspraxis verändert. Der frisch gebackene Pächter einer Liegenschaft in bester Lage sieht sich plötzlich mit Umbaukosten in fünfstelliger Höhe konfrontiert, ohne die er seinen Falafelladen nicht eröffnen kann. Also muss ein Kredit her. Die Banken müssen auch leben.

Wenn mit dreimonatiger Verspätung der Tag der Eröffnung kommt, stürzt sich das Wirtepaar mit hochgekrempelten Ärmeln in die Schlacht. Am Arbeitseinsatz soll es nicht fehlen. Personal wird nicht eingestellt. Selbst anpacken. Sechs Tage die Woche von sieben Uhr morgens bis Mitternacht geöffnet. Während Veronika um sechs Uhr den Gastraum putzt und die Kaffeemaschine anheizt, damit sie den Frühaufstehern pünktlich um sieben einen Cappuccino servieren kann, ist Vladimir bereits unterwegs, um auf dem Markt den Tageseinkauf zu erledigen. Veronika ist gelernte Kauffrau, Vladimir hat früher auf dem Bau gearbeitet und sich den Rücken »versiechet«. Er ist ein leutseliger, freundlicher Mann, der gerne kocht. Die beiden wollen es probieren mit der bekannten Eckkneipe in der Vorstadt, dem »Einhorn«, deren Wirtin aus Altersgründen aufgegeben hat. Ihr Sohn, der Hausbesitzer, hat mit Vladi und Vero die Verträge ausgehandelt. Eine gemütliche Gaststätte mit Mittagstisch. Abends soll es immer eine vladimirsche Spezialität geben, an der sich sein Ehrgeiz als Koch abarbeiten kann. Einfach und gut soll es sein. Viel Glück!

Es gibt sie, die naturtalentierten Gastgeber, die intuitiv und mit großem Herzen eine Kundschaft aufbauen, die fast ab sofort zu »ihren« Wirten hält, ihnen treu ist und sie mit ihren Zechen am Leben erhält. Man kann dabei ganz ordentlich verdienen, zwar nicht reich werden, aber man kann sich ein Einkommen erarbeiten. Betonung auf arbeiten.

Selbstständige Wirte sind nicht selten mit Wochenarbeitszeiten von sechzig und siebzig Stunden belastet. Personal ist teuer. Einsparen kann man nur mit Selbermachen.

Die monatlichen Betriebskosten wie auch die Mieten sind in den Innenstädten durch die Decke gegangen. Im Immobilienteich tummeln sich gefräßige Raubtiere. Da die Nachfrage den Markt ganz allein »reguliert«, haben die oft schon beim Start heftig überschuldeten Gastgewerbler kaum eine Chance, ihre monatlichen Rechnungen zu bezahlen, zu denen auch noch das Abstottern der Kredite gehört.

Wer die ersten zwei Jahre überlebt, hat Aussichten auf ein weiteres Jahr – oder mehr. Allerdings ohne Urlaub. Wer untergeht, hat, auch wenn sein Konzept gut, schön und richtig war, sein Recht aufs Mitspielen verloren und gerät in abwärts trudelnde, existenzielle Schwierigkeiten, bei denen wenig Hilfe zu erwarten ist. Beim Vermieter sitzen bereits Interessenten im Vorzimmer: Restaurantketten, Kleiderläden, die, mit Kapital und ausgefuchsten Strategien ausgestattet, unsere Städte und Dörfer mit dem ewig gleichen Schrott zupflastern.

Dem Vermieter ist das einerlei, er wohnt schon nicht mehr in der Gegend. Bestehen kann, wenn auch nicht ganz ohne Probleme, lang Bestehendes. Wirtedynastien, deren Immobilie im Besitz der Familie ist und die über Generationen hinweg Ruf und Gäste gepflegt haben, haben gute Chancen.

Nach einem Jahr sind Vero und Vladi zwar erschöpft, aber immer noch dabei. Eine Studentin arbeitet jetzt viermal in der Woche abends am Tresen. Eine Köchin hat den Mittagstisch übernommen. Beide haben 50-Prozent-Stellen.

Zwanzig Mittagessen werden täglich serviert. Obwohl Vladi dagegen war, haben sie aufgehört, bereits mittags mit frischen Marktzutaten zu kochen. Zu teuer und zu aufwendig. Die Köchin arbeitet mit Convenience-Food und Mikrowelle. Der Tiefkühler ist voll damit. So konnten die Preise auf Kosten der Qualität gehalten werden. Auch Veros Frühschicht hat sich gut entwickelt. Nicht zuletzt wegen einer Großbaustelle in der näheren Umgebung. Die Tische sind um sieben bereits voll besetzt mit kaffeetrinkenden Bauarbeitern. Viele von denen kommen auch zum Mittagstisch. Vero hat sich mit ihnen angefreundet, ist früh auf den Beinen, schäkert und scherzt. Dafür kann sie sich nachmittags in die Wirtewohnung über der Kneipe zurückziehen. Der Bürokram wird auch von ihr erledigt. Abends hilft sie wieder mit, je nachdem wie es läuft.

Vladi tut sich etwas schwerer. Seine Kochkunst ist zu aufwendig, zudem schmerzt der Rücken. Er hat sich über- und die Küchenarbeit unterschätzt. Nachdem er ein halbes Jahr versucht hat, mit Hackbraten mit Kartoffelgratin, Ossobuco mit Polenta, gekochter Ochsenbrust mit Meerrettich eine kulinarische Fangemeinde heranzuziehen, hat er seine Ambitionen aufgegeben und sich lieber zu den Gästen auf ein Bier oder fünf gesetzt. Vero hat sich Gedanken gemacht, sich mit spitzen Bemerkungen zurückgehalten, ist dafür öfter auch am Abend in der Gaststube geblieben, wo sie ihren Vladi im Auge behalten konnte. Es kamen jetzt die Kartenspieler, die lange hockten, und Laufkundschaft aus dem Quartier. Gegessen wurde kaum noch. Umsatz bringen die Getränke. Wein und Bier fließen gut. Immer öfter wurde es schwierig, die angetrunkenen Gäste zur Sperrstunde hinauszukomplimentieren.

Aber der Laden lief, Miete und Löhne konnten bezahlt werden. Vero betrachtete ihre Abrechnungen dennoch jeden Monat mit gerunzelter Stirn. Es war erschreckend, wie wenig in der Kasse blieb nach Abzug aller Unkosten. Besorgt stellte sie fest, dass sie sich kein Paar neue Schuhe leisten konnte. Sie beschlossen, jetzt auch den Wagen abzustoßen. Zeit, irgendwohin zu fahren, hatten sie eh nicht.

Zwei Jahre waren vorbei, da kam der erste Einbruch. Die Großbaustelle gab es nicht mehr. Das entstandene Einkaufszentrum mit McDonald's, Dunkin' Donuts und einem edlen Dachrestaurant war eröffnet, die Bauarbeiter weitergezogen. Ein Teil der morgendlichen Kundschaft Veros blieb weg. Das Stadtviertel, in dessen sozialem Gefüge das »Einhorn« seinen Platz seit vielen Jahren behauptet hatte, veränderte sich. Gentrifizierung! Eingesessene Kleinbetriebe mussten Platz machen für Reise- und andere Büros, hippe Kunstgalerien oder nächtlichen Clubbetrieb. Alte Mietshäuser mit ihren hohen Zimmern und kohlebeheizten Kachelöfen wurden innen und außen saniert. Anwaltskanzleien und Arztpraxen hielten Einzug. Viele Mieter konnten sich den neuen Standard, Fußbodenheizung und

Lift bis zum Dachgeschoss, nicht mehr leisten. Die Hausbesitzer witterten lukrative Geschäfte – die sich auch machen ließen.

Einige der größten Liegenschaften gehörten der Stadt selbst. Wohnen kostete dort nicht die Hälfte dessen, was man im renovierten Yuppiebau hinblättern musste. Wer eine dieser Stadtwohnungen ergattern konnte, blieb, wo er war. Nicht selten ein ganzes Leben lang. Jetzt, nachdem sich das einstige Wohn-, Arbeiter- und Familienquartier dem Handel und Wandel verschrieben hatte, waren die Leute, die ehemals den Charakter auf der Straße und in den Läden prägten, nicht mehr kaufkräftig genug. Das soziale Gefälle zwischen den Yuppies und den Bewohnern der städtischen Wohnsiedlungen war eklatant. Es ging weniger um Wohlstand als um einen ganzen Lebensstil, der sich unversehens auf der schattigen Seite der Straße wiederfand.

Das »Einhorn« hatte sich verändert. Bereits am frühen Morgen setzten sich die ausgesteuerten Arbeitslosen und schlecht gestellten Rentner ins Lokal, um hier in Ruhe Zeitung zu lesen. Zeit hatten sie. Auf ein paar Stunden kam es nicht an, zu Hause war niemand, mit dem man hätte streiten oder auch nur reden können. Fernsehen konnte man auch im »Einhorn«. Veros schaumiger Cappuccino war jetzt weniger gefragt. Man begrüßte den Tag mit einem Bier. Mittags schlurfte dann die erste Runde der Stammgäste nach Hause. Diejenigen, die noch Arbeit hatten oder sonstwie herumgeschäfteten, kamen dann zum Mittagessen. In der Küche standen nun drei Mikrowellenöfen, Ravioli an Lachsrahmsauce, Rindsgulasch mit Spätzle, Spinatlasagne. Zum Menüsalat nutzte die Köchin das Angebot einer ganzen Palette von Grünem und Buntem aus Dosen, Vakuumpackungen und gelochter Frischhalteplastik. »Für den kleinen Hunger« gab es Frankfurter Würstchen mit Kartoffelsalat oder eine schnelle Minestrone. Nichts war frisch zubereitet.

Der Nachmittag versank langsam in Einsamkeit, Vero machte ihre Buchhaltung am Kneipentisch, während Vladi hinterm Tresen in den zerfledderten Tageszeitungen blätterte, ab und zu ein Bier zapfte für die stillen Trinker, die schweigend in den Ecknischen saßen.

Veros Arbeitstag endete gegen 19 Uhr. Manchmal ging sie noch ins Kino, meist war sie zu müde, um etwas zu unternehmen, und zog sich in die Wohnung zurück. Wechselnde Aushilfskräfte besorgten den Abendservice. Vladi zwang sich, bis 22 Uhr in der Küche zu bleiben, ab und zu ein Würstchen zu wärmen oder eine Gulaschsuppe durch den Mikro zu jagen. Dann zog er die Schürze aus, das Jackett an, kämmte sich, wusch das Gesicht, holte sich ein Bier und setzte sich an »seinen« Platz, auf dem er als Bankhalter Montag, Mittwoch und Freitag Poker, Dienstag und Donnerstag Blackjack-Partien leitete. Gegen Mitternacht verließen die Morgen-, Mittag- und Abendsüffel das »Einhorn« und gingen in ihre leeren Wohnungen zurück. Der Eingang wurde zugesperrt, die Außenbeleuchtung gelöscht und Vladi wechselte vom Bier zum Bourbon. Geschlossene Gesellschaft. Nicht selten wurde bis zum Morgengrauen gespielt. Geld ging über den Tisch. Die Bank gewinnt immer. Wenn um fünf Uhr morgens die Fenster zum Lüften geöffnet wurden, der afrikanische Putztrupp die Aschenbecher leerte, den Boden mit Citruschemie moppte, ging Vladi schweren Schrittes nach oben. Eine halbe Flasche Bourbon und mindestens eine gerauchte Packung Marlboro intus. Er legte sich nicht ins gemeinsame Bett, sondern auf das Sofa, bis Vero um sieben nach unten ging, um die Frühschicht anzutreten. Erst dann wechselte Vladi vom Sofa zum Federbett. Auf diesem Weg traf ihn eines Morgens der Schlag. Er blieb dreivierteltot liegen. Vero, die kurz vor Mittag einen neuen Quittungsblock aus ihrem Schreibtisch holen wollte, fand Vladi auf dem Boden. Knapp schlug das Herz noch ein wenig. Blaulicht, Rettungswagen.

Kneipen wie das »Einhorn« finden sich in der gastronomischen Welt immer seltener. Doch sie erfüllen eine weit wichtigere Funktion, als es auf den ersten Blick scheint. Sie ersetzen die »gute Stube« für Menschen, die sich darum bemühen, nicht durch die Maschen des sozialen Netzes zu fallen. Für die Gastgeber, die solche Lokale – oft unter großen persönlichen Entbehrungen – am Leben erhalten, sind diese Gäste Menschen, für die sie selbst und ihr Personal die einzigen Ansprechpersonen sind, die sie noch haben. Der Ort, an dem sich Gleichgesinnte treffen, an dem jeder jemanden zu finden vermag, mit dem er seine Geschichten teilen, seine Sorgen aussprechen oder sie schlicht ertränken kann. Ein Ort, an dem man einen Ratschlag empfängt, eine Adresse weitergibt oder an dem man einfach »sein« darf. Eine Verkettung einer ganzen Reihe von Umständen macht aus einem Lokal einen Ort wie das »Einhorn«. Es braucht nicht viel Fantasie, um sich vorstellen zu können, was mit einer solchen Stammkundschaft passiert, wenn die gute Stube schließen muss. Sei es, weil schlicht kein Einkommen mehr erarbeitet werden kann oder weil Krankheit oder Unfall die Gastgeber aus dem Verkehr ziehen. Nicht nur die desillusionierten Gastgeber geraten dann ins Schleudern, so manchem Stammkunden bricht der Boden unter den Füßen weg. Alternativen zu »seinem« Stammplatz sind kaum zu finden. Der Weg aus der Misere hat sich versperrt, ein vergleichbares Lokal ist nicht in Sicht.

Mag sein, dass Kulturförderung bedeutet, dass man Opernhäuser und Fußballstadien mit Beträgen in Milliardenhöhe subventioniert. Ich bin kein Freund dieser Subventionen aus dem Volksvermögen, bei denen die ewigen Gewinner sich die ohnehin vollen Brieftaschen füllen. Wenn mit einem Bruchteil dieses Geldes die abstürzende Randgastronomie gestützt werden würde, wenn Mieten und Personalkosten teilfinanziert würden, veränderte sich die Situation in Lokalen, in denen sich Gäste mit wenig Geld und schmalen Zukunftsperspektiven aufhalten, grundsätzlich. Ein Süffel will nicht per se Süffel sein, eine ehemalige Prostituierte braucht auch Kontakt und menschliche Wärme, der entlassene Knastinsasse, der jetzt bei der Müllabfuhr arbeitet, resozialisiert sich nicht mit Kentucky Fried Chicken. Freunde brauchen wir alle. Ohne Begegnungen vereinsamen wir vor dem Großbildflachfernseher. Es braucht auch keine bevormundenden »Gassenarbeiter« oder Wohlfahrtsbeamten, die sich in diesem »Bodensatz« der Gesellschaft mit beruflich anerzogener Warmherzigkeit bewegen. Eine gut geführte Eckkneipe, vernünftiges Essen und anständige Gastgeber, die von ihrer Arbeit leben können – dies alles ist hundertmal mehr wert als ein Sozialamt, das Almosen verteilt. Gastgeberische Kultur ist systemrelevant, ist wichtig für das gesellschaftliche Gedeihen. Ist wichtiger als ein Tenor, der für die gut betuchte Oberschicht Arien singt, wobei er an einem Abend, vom Steuerzahler bezuschusst, so viel verdient wie Vladimir und Veronika zusammen in sechs Monaten. Entsprechende Konzepte für eine Kneipenkultur müssen ausgearbeitet werden. Es darf nicht mehr so weitergehen, dass der Staat die wichtige Rolle, die das Gastgewerbe im sozialen und kulturellen Leben spielt, weiter negiert. Wenn es nur noch darum geht, aus jedem bebauten Quadratmeter Geld herauszupressen, stirbt das, was man die Seele des Menschen nennen könnte.

Vladi überlebte den Herzinfarkt knapp. Nach einer zweijährigen Leidenszeit in Spitälern, Kliniken und Kurhäusern konnte er wieder ohne Hilfe gehen und sprechen. Er kehrte in ein mühsames, aber selbstständiges Leben zurück. Dank dem erspielten Geld hatten er und Veronika sich eine private Krankenversicherung geleistet, die für einen Großteil der Kosten aufkam.

Das »Einhorn« wurde noch am Tage des Herzversagens geschlossen. Vero musste kurz darauf Konkurs anmelden. Die Schulden türmten sich. Sie fand eine Stelle in ihrem alten Beruf als kaufmännische Angestellte. Von ihrem Lohn beschlagnahmten die Behörden jeden Cent, den sie über dem gesetzlich verankerten Minimum erhielt. Natürlich wurde der Mietvertrag für die Wohnung über dem Lokal sofort gekündigt. Der Traum vom »Eigenen« löste sich in dem Moment auf, als keine Spinatlasagne mehr in der Mikrowelle erhitzt und kein Bier mehr gezapft wurde. Vladimir und Veronika leben heute in einer städtischen Wohnung, die Miete wird vom Sozialamt übernommen. Ihre Lebenskosten bestreiten sie aus dem Mindestgehalt von Vero. Heiz-, Strom- und Wasserkosten werden ebenfalls von der Fürsorge nach strengen Regeln bezuschusst. Beide schämen sich ihrer Armut, die sie, wie ihnen auch von außen gespiegelt wird, selbst verschuldet zu haben glauben. Kleider oder neue Schuhe können bei demütigenden Bittgängen im Amt beantragt werden.

Während Veronika jeden Werktag mit dem öffentlichen Bus ins Großraumbüro am anderen Ende der Stadt fährt, sitzt Vladimir vor dem Fernseher. Manchmal geht er auf einen grünen Tee ins Restaurant »Matchball« bei der stillgelegten Tennisanlage und trifft sich dort mit anderen Frührentnern. Liest die Zeitung, plaudert mit Marianne und Freddy, die seit einem halben Jahr das Lokal gepachtet haben. Zum Mittagessen gibt es Frühlingsrollen mit Salat. Das mag Vladi gerne.

Freddy und Marianne sind guter Hoffnung auf die Zukunft. Die ehemaligen Tennisplätze wurden an einen Unternehmer verkauft, der einen 30 Stockwerke hohen Wohnturm hochziehen will. Mit 150 Wohnungen!

»Dann sind wir schon parat mit dem »Matchball«. Das Lokal wird laufen wie Teufel!«, sagt Freddy und drückt seine Marianne. Er war früher Sport- und Tennislehrer, sie ist gelernte Friseuse. Viel Glück!

Das »Einhorn« gibt es nicht mehr. Das Haus wurde verkauft, saniert, restauriert und neu gestaltet. Die neuen Besitzer, eine börsennotierte Immobilienverwaltung mit Sitz im Ausland, wollten keine Kneipe mehr im Erdgeschoss. »Wir müssen an unsere Mieter denken, die wollen keine Lärmbelästigung vor der Haustür.« Ein Verkaufsgeschäft, das Sportbekleidung für Fitnessfreaks und Fahrradfahrerinnen und -fahrer anbietet namens »Neon Body Shop«, befindet sich jetzt da, wo Gaststube, Küche und Keller waren.

Eine der Verkäuferinnen des »Neon« wurde von einer Gratiszeitung interviewt. Die Sorte Zeitung, die mit viel Werbung und Schwachkopfnachrichten gratis an jeder Bushaltestelle den Passanten aufgedrängt wird. Begeistert erzählt die Verkäuferin von der tollen Arbeit im »Neon« mit den phosphoreszierenden Plastikfetzen, die man auf dem Laufband tragen darf. Vom »Einhorn« hat sie noch nie gehört. Aber dann sagt sie: »Im Keller, ich meine unten im Lager, wohnt ein Geist. Ich habe ihn ein paarmal husten gehört und manchmal schimpft eine unverständliche Stimme vor sich hin. Megaunheimlich, sage ich Ihnen, echt crazy!«

### Und dazu noch das:

Der Kreis vier in Zürich, hinter dem Bahnhof gelegen, ist ein Gentrifizierungsmodell aus dem Bilderbuch. Ich teile dort in einem Altbau seit vielen Jahren eine kleine Wohnung mit zwei Mitbewohnern. Pro Jahr verbringe ich ein paar Wochen in meiner alten Heimatstadt. Ich bin nicht mit einem Bein, nur mit einem Finger immer noch in Zürich. Beispiele wie den Absturz von Vladimir und Veronika kenne ich aus eigener Anschauung. Die Tragik hinter diesen Geschichten ist oft schlimmer als das, was man aus nächster Nähe miterlebt. Wenn dann ein solcher Ort geschlossen worden ist, verschwinden die Protagonisten rasch aus dem Blick- und Hörfeld. Als ob sie nie dagewesen wären. Zugegeben, für einige dieser Spelunken war einfach Ende der Fahnenstange. Doch es braucht Plätze, wo eine freundliche Gastronomie mit einfachen Angeboten für diejenigen da ist, die sich nicht in den Glitzerwelten von Einkaufszentren und Boutiquen verlieren wollen.

Es gibt diese Angebote. Und in der kapitalistischen Stadt Zürich mit seiner seit 25 Jahren rotgrünen Regierung ist es die Bäckeranlage. Ein in einem kleinen Park mit alten Bäumen liegendes Restaurant mit Tischen und Bänken im Freien. Das Angebot ist sich treu. Salate, hausgemachte Kuchen, Biere, Wein, Sandwiches mit gutem Brot, Suppen, im Sommer ein Bratwurststand. Das Personal rekrutiert sich aus den sich assimilierenden Flüchtlingskontingenten, geleitet von einem Team, in dem auch städtische Beamte unauffällig mitmischen. Die Preise sind moderat, die Klientel besteht aus Müttern mit ihren Kindern und vornehmlich jungen Leuten. Sommerkonzerte von tollen Musikern werden organisiert und angeboten. Und eine ganze Ecke der Anlage wird von Obdachlosen besetzt, die dort tägliche Obdachlosensymposien durchführen. Die »Bäcki« wird von der Stadt unterhalten. Das Restaurant gehört ihr und ist finanziell auf eine ausgewogene Autonomie ausgerichtet.

Es gibt auch die Stiftung Sankt Jakob, die geschützte Arbeitsplätze in gastronomischen Betrieben anbietet. Es gibt das Kollektiv »Roter Ziegel«, das im beeindruckend schönen Gastgarten der »Roten Fabrik« direkt am Seeufer wirtet. Unterstützt von der Stadt, praktisch mietfrei! Es gibt sie also, die soziale Gastronomie. Weltweit. Noch fehlen ihr die Breite und die Kraft, sich den gewinnorientierten Gastrokonglomeraten und den industriellen Herstellern von Esswaren entgegenzustemmen. Doch keinesfalls aufgeben: Ess- und Trinkkultur sind zu wichtig, um sie den Geschäftemachern zu überlassen. Es liegt an uns, Gästen und Gastgebern, sich Gehör zu verschaffen.

In diesem Manifest vertrete ich die Ansicht, dass die Gastronomie nicht nur in den Hotels und Restaurants, in den Imbissläden und Festwirtschaften stattfindet, sondern auch in den privaten Haushalten. Dazu noch eine kurze Bemerkung.

Vor hundert Jahren wurden 40 Prozent eines Familieneinkommens für Essen und Trinken ausgegeben. Heute sind es noch 14 Prozent. Allein an diesen Angaben lässt sich ablesen, dass die Bedeutung der Ernährung an Wertschätzung verloren hat. In der wunderschönen Eigentumswohnung staubt die 25 000-Euro-Einbauküche mit Marmor aus Akishar vor sich hin. Ab und zu wird ein Schlemmerfilet mit Buttergemüse von Käpt'n Iglo, MSC, in den Ofen geschoben. Alaska Seelachs, fit for fun. Für Gäste kommen entweder der Mietkoch oder der Gourmetlieferservice – ich habe das oft erlebt.

Wie konnte es nur so weit kommen, dass Armbanduhren, Plastikspielsachen und Geländewagen die essenzielle Genusswelt der Kulinarik, die doch lebensnotwendig ist, dermaßen an die Wand gedrückt haben? Was soll der Geiz? Wer zwingt uns, schlecht zu essen, billig zu trinken? Was wollen wir eigentlich?

## Robert Mangold,

Unternehmer der Gastronomie und stellvertretender Präsident des Deutschen Hotel- und Gaststättenverbands, Hessen

Eine subventionierte Gastronomie – als Teil der Gesamtgastronomie – sollte denkbar sein. Die Gastronomie definiert sich unter anderem als Versorgungsflächeninstitution. Gerade in Ballungsräumen mit Haushalten von einer oder zwei Personen, aber auch von alleinerziehenden Elternteilen, die oftmals am unteren Ende der Einkommensskala verdienen, hart arbeiten, viel für die Gesellschaft leisten und wenig Zeit haben. Sie haben vielleicht nie kochen gelernt. Es fehlt die Zeit. Sie sind angewiesen auf Versorgungsstätten wie den schnellen und sehr günstigen asiatischen Take Away, aber auch traditionelle Restaurants, die unter übergroßem Kostendruck arbeiten, um zu überleben. Schnellrestaurants mit scheinbar frischen Komponenten, in Wahrheit meist Convenience-Food. Es braucht das Angebot für diese Haushalte, und es muss ordentliches, gesundes Essen sein, um Gesundheitsschäden und Kosten für die Zukunft einzudämmen oder zu vermeiden. Um in solchen Betrieben erschwingliche Preise halten zu können, braucht es Zuschüsse. Die Mitarbeiter dieser Betriebe müssen einen normalen Lohn erhalten – der sich kaum erwirtschaften lässt. Es wäre eine Überlegung, diese Art von Restaurants als »Volksrestaurant« zu klassifizieren.

Es gibt Länder in Europa, in denen immer noch der Espresso- und der Baguettepreis gedeckelt sind. Volksrestaurants wären Unternehmen, die sich verpflichten, nach gewissen ethischen Grundsätzen zu handeln, ordentliche Löhne zu zahlen und frische Waren einzukaufen.

Ein kleines Mittagsmenü für 14 oder 17 Euro. Essen soll schon etwas kosten, die Erzeuger, der Milchbauer, der Gemüsebauer, müssen ihr Geld bekommen. Wenn von ihnen »billig, billig, billig« gefordert wird, kommt schlechte Ware. Eine Preisdeckelung müsste allerdings in einem vernünftigen Rahmen bleiben.

Wir von der DEHOGA kämpfen auch für faire Löhne, gute Qualität, gute Ausbildungen. Leider bilden immer weniger Betriebe aus. Das Bild der Showköche im Fernsehen verzerrt die Realität.

Gastronomie ist und war schon immer eine Startup-Chance. Quartierrestaurants, die zu Alkoholschwemmen verkommen oder in denen die Qualität absackt, können verbessert oder gar neu aufgesetzt werden. Dafür braucht es deutliche Erleichterungen, vor allem bei den Personalkosten, die heute bis zu 50 Prozent der Gesamtkosten ausmachen. Wenn hier eine Reduktion stattfinden könnte, dann hätten solche Volksrestaurants, Nachbarrestaurants wieder eine Chance. Allerdings mit einer verpflichtenden Preisdeckelung.

Natürlich sollen deren Mitarbeiter nicht mit einem Hungerlohn abgespeist werden. Ordentliche Arbeit soll entsprechend bezahlt werden. Das würde auch zu einer neuen Zugkraft in der Gastroszene führen, es würde wieder attraktiver, hier zu arbeiten und eine Familie ernähren zu können. So ließen sich die conveniencegesteuerten, von internationalen Konzernen geführten Läden einbremsen, in denen ja, siehe McDonald's, auch die Volksgesundheit dauerhaft geschädigt wird. Die scheinbar günstigen Preise in diesem Segment führen zu Spätschäden in der Gesundheit. Deswegen müssen die Marktmechanismen in so einem Segment geregelt werden. Natürlich wäre eine verminderte Umsatzsteuer wichtig. So könnten Nettogewinne vergrößert und qualitatives Wirtschaften erleichtert werden.

Der Schlüssel zum Volksrestaurant ist ein Deal mit dem Unternehmer. Wenn er einen großen Teil der Personalkosten vom Gesetzgeber bezahlt bekäme, verpflichtete er sich, die Preise zu deckeln, Lehrlinge auszubilden, saubere Nahrungsmittel zu beziehen und entsprechende Frischequalität anzubieten. Somit würden alle Gäste als Resultat in den Genuss einer solchen Regelung kommen, die Gesellschaft hätte einen vielfachen Nutzen davon. Es geht dabei nicht um die 1A-Lagen in den Zentren, aber um Lokale z. B. in studentisch geprägten Vierteln oder auch um Gasthöfe auf dem Lande, die gegen die Fast-Food-Ketten und Take Aways in den Shopping Malls keine Chance haben.

Die Gastronomie war bisher kein Empfänger von Förderungsprogrammen. Das hat unter anderem damit zu tun, dass »der Gastronom« als Beruf noch gar nicht so lange existiert. Eigentlich erst seit der Französischen Revolution. Es waren die Angestellten der Adelsfamilien, Köche, Kellner und Bediensτete, deren Arbeitgeber im wahrsten Sinne des Wortes den Kopf verloren hatten. Diese Angestellten waren die Begründer der modernen Gastronomie. Es gab natürlich vorher Postkutschenstationen, wo ein deftiger Eintopf angeboten wurde, es gab Schnapsschänken, in den Städten auch bessere Tavernen. Aber die erwähnten Angestellten der Bourgeoisie hatten Zugang zu Palästen, zu bevorzugten Lagen in den Städten. Die noblen Häuser wurden im Rahmen der Französischen Revolution von den Bediensteten besetzt, das Silber beschlagnahmt und die Räumlichkeiten zu Restaurants erklärt. So hat man sich in diesem Beruf von unten nach oben gearbeitet, doch das Ausbildungsniveau blieb, wie es war.

»Wer nichts wird, wird Wirt« ist ein Spruch aus Deutschland. Er sagt etwas aus – über die Eingangsvoraussetzungen zur

Branche. Das Handwerk, die Dienstleistungen müssen mehr berücksichtigt werden. Meisterbriefe, betriebswirtschaftliche Kenntnisse, weiterführende Ausbildungen, bevor man einen Betrieb eröffnen darf. Da fehlt, vor allem im mittleren und unteren Segment, eine ganze Strecke von Qualifikationen und Möglichkeiten. Immerhin besetzt der Gastronom heute eine Schlüsselstellung in der Gesellschaft. Darauf muss gepocht werden. Unternehmerverbände und Gewerkschaften sollten gemeinsame Strategien entwickeln und Forderungen stellen. Nicht Luxusrestaurants sollen unterstützt werden, die stehen bereits in aller Regel richtig da und haben ihre Klientel – es braucht Konzepte der Berufsförderung für die Breite. Noch fehlt hier die einfache, aber zündende Idee. Sie muss einfach sein und umsetzbar, damit wir wieder einfache bürgerliche Restaurants bekommen, die ihre Existenz sichern und hervorragende Qualität liefern können.

In Frankfurt haben wir seit 2019 ein Pilotprojekt laufen. Dazu haben wir einen Beruf weiterentwickelt, neu ersonnen, der heißt: Koch mit Zusatzqualifikation Management bzw. Restaurant- oder Hotelfachmann/-frau mit Zusatzqualifikation Management. Abitur als Voraussetzung. Hier sind 30 Auszubildende im ersten Lehrgang gewesen: zum Teil ehemalige Unistudenten, die festgestellt haben, dass sie lieber etwas mit größerem Praxisbezug machen wollen. Wir bieten normalen Unterricht, inklusive das Fach praktisches Kochen, und nachmittags an vier Tagen Zusatzqualifikationsunterricht. Dabei geht es nicht zuletzt um fachbezogenes Rechnen, darum, wie man einen Betrieb eröffnet und führt. Am fünften Tag der Woche wird den Auszubildenden eine Expertise vermittelt von Entrepreneurs, die in ihren Berufen reüssiert haben und so als Vorbilder gelten können. Das kann auch der Prokurist einer

Förderbank sein, der ihnen vermittelt, wie sie an Fördertöpfe rankommen. Ein Leiter des Ordnungsamtes kommt und erklärt die gesetzlichen Grundlagen, die man bei Eröffnung eines Restaurants kennen muss. So wird Wissen aus der Praxis auf die Teilnehmer übertragen. Wir haben das gerade jetzt erstmalig – als Pilot – in Frankfurt für Deutschland durchgeführt. Für den zweiten Jahrgang gibt es guten Zulauf. Wir sind damit auch Teil von Veränderung in der Gastronomie. Unser Stand muss interessant und wehrhaft gemacht werden. Man muss wissen, dass man Preise nicht mit der Taschenlampe kalkuliert oder mit dem Blick zum Nachbarrestaurant.

Dieses Programm wird zu ganz geringen Anteilen von der DEHOGA und der Stadt Frankfurt gefördert. Den Löwenanteil bezahlen die Unternehmer. Geld benötigen wir vor allem für die Kursleitung und Gastdozenten. Nur Spesen. Keiner kriegt ein Gehalt, jeder arbeitet pro bono.

Die Dozenten berichten auch über die eigenen beruflichen Stationen – und dass einem erfolgreichen Unternehmer nicht alles gelingt.

Ich könnte zum Beispiel darüber berichten, was mir schon alles danebengegangen ist. Es ist ja auch wichtig, von den Unternehmer-Dozenten zu erfahren, wie sie gescheitert sind. In Deutschland ist es leider nicht opportun zu sagen: Ich bin gescheitert. Aber man sollte offen darüber sprechen, dass etwas gewagt wurde und nicht geklappt hat. Auch dafür kann man Applaus kriegen und den Jüngeren Mut machen, etwas zu wagen.

Wir müssen effiziente Rahmenbedingungen schaffen. Wenn man sieht, dass 1,5 Millionen Asylanten 2015 zu uns gekommen sind ... 50 Prozent haben eine Anstellung bekommen, das wird gefeiert, aber die anderen 750 000 stehen immer noch im Regen. Vielleicht sind nicht alle qualifiziert dazu, in einer Küche zu stehen und Speisen zuzubereiten. Aber über durchdachte Programme können sie Teil der Branche werden. So können auch Lehrstellen entstehen.

Der Gastronom ist der Prototyp des Unternehmers, er ist offen, er gibt etwas und nimmt dafür etwas, jeden Tag, jeden Moment. Diese Offenheit sollte auch solchen möglichen Arbeitskräften gegenüber vorhanden sein.

9

# SINNLICHES

Kann man die Luft zum Atmen ein Lebensmittel nennen? Folgt man dem Wortsinn – Mittel zum Leben –, so liegt die Antwort auf der Hand. Im Jahre 2020 nach christlicher Zeitrechnung gibt es Anzeichen dafür, dass unsere Luft an bestimmten exponierten Stellen der Erde der Gesundheit abträglich ist. Giftige Stoffe geraten über unsere Lungen ins Blut, es wird einem schlecht, schwindelig, das Auge trübt sich, die Muskeln werden sauer, im Ohr der Tinnitus, das Gehirn und die inneren Organe stellen ihren Dienst ein – und Exitus! Auch wenn der Krankheitsverlauf schleichend ist und das Gift fast unbemerkt den Organismus übernimmt, ist das Resultat doch in gleicher Weise endgültig. Mag das Siechtum noch so lange andauern – am Ende wartet der Sensenmann.

Das Lebensmittel Luft kann freilich auch zu Heilzwecken eingesetzt werden. Höhenkliniken in reiner Bergluft empfehlen sich, wo nur tief eingeatmet werden muss, und schon kehren die Lebensgeister zurück, klären sich der Geist und der Urin, blubbern fröhliche Lungenbläschen beim Vertreiben von Lungenschatten, steigert sich der Appetit, röten sich die Wangen. So ist das mit der Luft.

Es leuchtet jedem Luftikus ein, dass es Sinn macht, ja geradezu unumgänglich ist, sich um die Luft zu sorgen, sie so rein zu halten wie möglich, sich darüber zu freuen, dass es sie gibt und wir nichts für sie bezahlen müssen.

Leider ist dem nicht so. Zwar ist es jeder Hausfrau – den Hausmännern eher weniger – bekannt, dass ein frisch gelüftetes Haus das Wohlbefinden fördert. Ob Frühling, Sommer, Herbst oder Winter: gut gelüftet, gute Laune. Aber übergeordnete Zwänge schieben dem Öffnen der Schlafzimmerfenster in bestimmten Gegenden einen Riegel vor, wenn etwa die Notwendigkeit, Stahlblech herzustellen, die dafür bestimmte Industrie zwingt, gewisse Emissionen in Kauf zu nehmen, die dann wiederum Immissionen für den Menschen zur Folge haben.

Gegen die Luftverschmutzung und weil nicht jeder sich einen Aufenthalt in einer Höhenklinik leisten kann, wird weltweit und mit Nachdruck protestiert. Medien berichten, bei Symposien werden Vorträge gehalten, am Familientisch wird diskutiert. Zwar sind die Meinungen zum Thema je nach Alter, politischem Standpunkt und mehr oder weniger fundierten Einsichten verschieden, doch es herrscht Einigkeit darüber, dass »etwas« unternommen werden muss. Weil es uns nämlich an den Kragen geht.

Warum nur ist die Gefahr, die von der Luftverschmutzung ausgeht, so viel bekannter, öffentlicher und gefürchteter als die Gefahr, die von anderen Lebensmitteln ausgeht, mit denen wir täglichen Umgang pflegen? Zum Beispiel Zucker: Zucker ist ein für den Körper notwendiger Treibstoff. Viele Lebensmittel enthalten Zucker oder Stärke, die in unserem Organismus in Zucker umgewandelt wird. Raffinierter weißer Zucker, aus Zuckerrohr oder Zuckerrüben hergestellt, war bis zum Mittelalter nicht bekannt. Zum Süßen von Speisen verwendete man Honig oder Sirup aus zuckerhaltigen Früchten. Der Zuckerkonsum, und damit meine ich jetzt den gewürfelten oder granulierten weißen Kristallzucker, der von Konditoren, Getränkeherstellern und fast allen Haushalten verwendet wird, lag im Mittelalter bei null. Es gab ihn einfach nicht.

Heute hat der weltweite Zuckerkonsum jedes Maß verloren. Der tägliche Verbrauch von Zucker als Brennstoff für einen normal arbeitenden Menschen liegt, je nach Größe und Körpergewicht, bei etwa 30 bis 60 Gramm. 10 Gramm entsprechen einem gehäuften Teelöffel. Der tatsächliche Verbrauch in der Schweiz und Deutschland beträgt fast bis gut das Doppelte. Also produziert der Zuckerüberschuss Fett. Wir werden dick. Zucker löst ein Suchtverhalten aus. An den gleichen Rezeptoren im Gehirn dockt die süße Lust an wie Kokain. Kokain macht fröhlich. Zucker ebenso. Das haben sich die Zucker- wie Drogenbarone zunutzen gemacht.

Heute werden viel zu viele billige Naschereien und Süßgetränke konsumiert. Die Herstellung ist einfach, die Gewinnspanne hoch, und die Auswirkungen sind fatal. In den USA sind mehr als 30, in Europa mehr als 20 Prozent der Bevölkerung übergewichtig. Nichts gegen die Geburtstagstorte oder gegen Vanilleeis mit Schokoladensoße – aber die Menge macht es. Wenn von jeder Plakatwand eine gutaussehende Gruppe Jugendlicher Coca-Cola als Happy-Happy-Erlebnis feiert, ist es nicht verwunderlich, wenn sich Groß und Klein die klebrige Brause reinschütten wie blöd. Nicht lustig, aber beeindruckend ist die Namensgebung, die sich natürlich auf Kokain bezieht. Die Coca-Cola-Hersteller behaupten, es hätte nie Anteile von Kokain in ihrem Getränk gegeben.

Industriell hergestellte Esswaren zeichnen sich vor allem durch ihre flächendeckende Verfügbarkeit, durch künstlich erzeugte verlängerte Haltbarkeit und chemisch verstärkten Geschmack aus. Zucker ist ein praktisches und günstiges Konservierungsmittel. Jede Fertigpizza, jede Büchse Bohnen enthält Zucker. Zwar werden die Konsumenten mit winzigen Buchstaben und einer Sprache, die akademisches Fachwissen voraussetzt, über die Zusatzstoffe informiert. Nicht oder kaum informiert werden wir allerdings über die Nebenwirkungen dieser Stoffe. Ab und zu platzt ein Skandal und schlägt niedrige bis mittelhohe Wellen. Nestlé, größter Nahrungsmittelhersteller der Welt mit 13,8 Milliarden Reingewinn im Jahr, so Wikipedia, beschäftigt ein Heer von Anwälten, um Schadensersatzklagen abzuwehren. Ob es sich um Milchpulver, Babynahrung, bleihaltige Fertignudeln oder in Flaschen gefülltes Schmutzwasser handelt, Nestlé ist sich nie einer Schuld bewusst. Ein Schlaglicht auf das Ethos der Branche wirft eine Aussage des Großen Vorsitzenden der Nestlé-Verwaltung, Peter Brabeck, aus dem Jahre 2005, die wir im Netz finden konnten.

»Er ist der Meinung, dass Menschen sparsamer mit Wasser umgehen, wenn es sie etwas kostet. Deswegen vertritt er die Meinung, dass unbegrenzter Zugang zu Wasser kein Menschenrecht sein, sondern jeder dafür zahlen soll.«

Dieses Zitat aus dem Internet benutze ich, weil die Aussage des Herrn Brabeck im Wortlaut nicht aufzufinden ist. Nestlé dementierte den Kommentar auch umgehend und versuchte, diesen Ausrutscher zu vertuschen. Dazu passt nur zu gut, dass Nestlé mit der Marke »Pure Live« eine weltweite Vertriebsorganisation für »stilles Wasser« unterhält.

Ich habe hier nicht die Absicht, das Sündenregister der Nahrungsmittelkonzerne herunterzubeten. Jedoch ist es dringend geboten, die Aufmerksamkeit intensiver auf die Wirklichkeit zu richten. Geradezu unentbehrlich wird die Achtsamkeit angesichts ununterbrochener Kampagnen, die den gesunden Menschenverstand mit dummdreisten Werbesprüchen und irreführenden Inhalten zu übertölpeln versuchen. Die einfachste Frage, die man immer stellen kann, ist: »Wer verdient daran?« Lautet die Antwort darauf: »die üblichen Verdächtigen«, sollte man sich nach Alternativen umschauen.

Nicht alle haben Zeit und Lust, täglich zu kochen. Kein Problem. Dafür gibt es Profis, welche die Nachfrage unserer knurrenden Mägen befriedigen. Nicht vergessen: Gast und Gastgeber sind ein Team, leben in Symbiose. Damit es beiden gut geht, wird die gebotene Achtsamkeit auch zu beider Pflicht. In den letzten Dekaden hat sich in der westlichen kulinarischen Welt viel getan. Auf den Speisekarten werden Herkunft und Inhaltsstoffe mit angegeben. Gut so. Woher kommt aber das dennoch schleichende Unbehagen, das trotz deklarierter Lebensmittelbestandteile den Restaurantbesuch trübt?

Es geht dabei um Lust und Sinnlichkeit sowie um Vertrauen oder Misstrauen. Ich will mich nicht davon überzeugen müssen, dass die Angaben über E-Stoffe stimmen. Das kann ich gar nicht! Ich brauche auch nicht zu wissen, dass E-123, ein roter Lebensmittelfarbstoff, in Europa zugelassen ist. Nicht erlaubt ist E-123 in den Vereinigten Staaten oder den Ländern der ehemaligen Sowjetunion. Dort vermuten die Lebensmittelkontrollorgane, dass als Nebenwirkungen Pseudoallergien beziehungsweise nachweisbare Allergien, Hautreaktionen, Bronchialasthma ausgelöst werden können.

Tomatensoße ist rot. Weil Tomaten drin sind. Basta! So war das früher. Jetzt färbt E-123, versteckt in Tomatenmark aus China.

So einfach ist das!

Das gestörte Vertrauen zwischen Gast und Gastgeber lässt sich nicht wiederherstellen mit Kleingedrucktem auf den Speisekarten. Lust am Essen ist nicht auf Warnhinweise angewiesen, sondern auf den Geschmack der Speisen, das Licht in der Gaststube, die freundliche Kompetenz eines Kellners, das Können eines Kochs, das fleckenlose Tischtuch und das kristallklare Klingen schöner Weingläser.

Nahrungsergänzungsmittel sind nichts Sinnliches. Früher war Essen per se gesund. Heute ist es erst einmal schädlich und ungesund, bis das Gegenteil bewiesen werden kann. Die Auflistung von Nahrungsergänzungsmitteln ist Ausdruck des tief gestörten Verhältnisses zwischen Konsument und Produzent in allem, was mit Essen und Trinken zu tun hat. Allergien, eingebildet oder nicht, gehören heutzutage zum täglichen Störfaktor in der Beziehung zwischen Gast und Gastronom. Der Gast misstraut dem Gastgeber. Dieses verlorene Vertrauen lässt sich mit kleingedruckten unleserlichen und unverständlichen Deklarationen nicht erneuern.

Zu unserem Wesen gehört die Sehnsucht, sich mit Freunden und Familienangehörigen an guten Sachen zu erfreuen. Wir wollen nichts mehr, als zusammen zu essen, zu trinken, zu teilen, zu genießen. Diese Sehnsucht, die einen wichtigen Teil unserer (so ungemein wichtigen) sozialen Existenz ausmacht, wird von heuchlerischen, lügnerischen und panschenden transnationalen Konzernen missbraucht, die mit beispielloser Skrupellosigkeit Schäden an Körper und Geist ihrer Kaufsklaven verursachen.

Der Mensch lebt nicht vom Brot allein. Neben der Ernährung, die der Pflege des Bauches dient und die der Gastronomie, das heißt: allen Protagonisten und Akteuren in diesem Bereich, anvertraut ist, gibt es noch ein anderes menschliches »Leitmotiv«, ohne das wir alle nicht existierten.

Die Sexualität ist uns in gleichem Maße immanent wie der Hunger. Sie ist so fundamental existent wie die Notwendigkeit, dem Körper regelmäßig Lebensmittel zuzuführen. Erhält die Ernährung das Menschentier am Leben, so erhält die Sexualität unsere Art. Sein und Werden in zweierlei Hinsicht. Vögeln und Essen sind lustvolle, leidenschaftliche, sinnliche und unverzichtbare Tätigkeiten menschlichen Seins. Das Sprichwort »Liebe geht durch den Magen« beschreibt die Verknüpfung von Kulinarik und Erotik. Wer hat als Augen- und Ohrenzeuge der Zubereitung von Speisen das Wort »liebevoll« noch nie gehört?

## Und schließlich noch das:

Für mich ist Kochen für Menschen der tagtägliche Ausdruck dessen, was ich bin und mache. Und natürlich ist auch die Verführungskunst damit verknüpft. Jemanden zum Essen einzuladen, bei mir in der Küche oder bei einem Wirt meines Vertrauens, ist nicht nur auf die Befriedigung von Hunger und Durst ausgerichtet, sondern kann auch der Auftakt zur Befriedigung anderer körperlicher Bedürfnisse, ja Gelüste sein. Das Schöne dabei: Eine Einladung zum Essen beinhaltet keine Verpflichtungen. Sie ist, wie bei einem Schachspiel, die Eröffnung für ein Spiel mit ungewissem Ausgang. Wie auch immer das Spiel beginnt, früher oder später sitzt man sich beim Essen gegenüber. Vorlieben und Abneigungen werden sichtbar, Geschmäcker verglichen – Genuss und Nähe schaffen Verbindungen.

Lade ich selber ein, denke ich bereits beim Einkaufen an den Gast oder die Gäste. Was könnte, denke ich, zu dem, zu den Menschen passen? Es ist nicht einfach, wenn man sich noch nicht, und wird nicht einfacher, wenn man sich gut kennt. Apfel oder Aprikose, Fisch oder Fleisch, Brokkoli oder Karotten. Nudeln, Reis oder Couscous. Alles hat seine Bedeutung, seine Wirkung. Geschmack in jedem Sinne: im Auge, in der Hand, auf der Zunge, in der Nase. Salzig, süß, bitter, scharf. Raffiniert oder einfach. So spaziert der Gastgeber mit dem Gast im Herzen über den Markt.

Danach kommt die Zeit des Kochens. Die Zeit der Vorbereitung auf jemanden. Wenn man es nur ein bisschen beherrscht, wird Kochen zu einer meditativen Beschäftigung. Jetzt fügen sich Gedanken, Zutaten und Handwerk zu einem kulinarischen Kunstwerk zusammen. Eine einfache Handlung folgt der nächsten. Tischtuch, Kerzen, Blumen. Bis es an der Tür klingelt.

Öffnet sich die Tür eines Gastgebers, egal ob professionell oder privat, steht der Gast vor dem, was für ihn kreiert worden ist. Der erste Eindruck zählt. Wie verschiedene Schleier, die nach und nach fallen, verknüpfen sich jetzt Bilder mit Stimmungen, bis sich am Ende ein ganzes Schauspiel gezeigt hat. Eine Einladung zum Essen ist immer auch eine Art Striptease dessen, der einlädt. Er zeigt sich, der Gast schaut und lässt zu.

Der professionelle Gastgeber allerdings lebt nicht zuletzt von der Wiederholung. Ich kenne einen ausgezeichneten Koch, der sich in seinem Gasthof mit einem perfekten Sauerbraten eine goldene Nase verdient. Von weither kommen sie angefahren. Sauerbraten! Sauerbraten! Er hat auch anderes auf der Karte. Gute Speisen, bestens gekocht, bestens präsentiert. Aber der Dauerbrenner ist der Sauerbraten. Seine Gäste lieben ihn dafür. Dennoch will der gute Mann eines Tages keinen Sauerbraten mehr machen. Er hat genug davon, er will lieber Rhabarberkuchen backen. Also bestellt er den Sauerbraten bei einem Convenience-Anbieter. Fix und fertig, tiefgekühlt mit einem tipptopp fotografierten Sauerbraten auf der Verpackung. Jetzt muss er die E-Kennzeichnungen auf die Karte setzen. Die Gäste nehmen einen ersten Bissen ... und sind empört. Sind sie doch von weither gekommen wegen des berühmten Sauerbratens. So geht das ein paar Wochen. Keiner will den Rhabarberkuchen. Die Freunde reden dem Wirt gut zu. Er will nicht hören. Es spricht sich herum. Der Wirt macht keinen Sauerbraten mehr. Ja, was denkt er sich denn? Er kann doch nicht, wie es ihm gerade passt. Wir sind doch extra von weither ... Bis ihm dann einer des Nachts voller Gram und Grimm den roten Hahn aufs Dach setzt.

So geht das manchmal mit enttäuschter Liebe.

10

DAS GUTE LEBEN

Die gute Nachricht: Das Rad muss nicht neu erfunden werden. Die schlechte: Es gibt viel zu tun.

Das Zusammenleben der menschlichen Herde blickt auf eine jahrtausendealte Geschichte zurück. Auf eine Geschichte, die mündlich überliefert, in Keilschrift oder Hieroglyphen, in Stein gemeißelt, in Ton geritzt und auf Papyrus gemalt worden ist. Vor 5200 Jahren haben Geschichtsschreiber in einer ersten Bild- und Schriftsprache damit begonnen, Gelebtes und Erfahrenes für ihre Nachfahren aufzuzeichnen. Regeln wurden definiert, Gesetze geschrieben, man huldigte den Göttern und tauschte Kochrezepte aus. In einer Ode an die sumerische Göttin Ninkasi findet sich eine Anweisung zur Herstellung von Bier. Das älteste bekannte Rezept der Menschheit.

Wir können davon ausgehen, dass die evolutionäre Entwicklung der Kochkunst bereits in der allerersten Morgendämmerung des Homo erectus in den mündlichen Überlieferungen – gewissermaßen in Begleitung der Sprachentwicklung – ihren Platz im Alltag eingenommen hat. Hand in Hand damit wurden die Übereinkünfte in der menschlichen Herde geformt. Das Handeln des zweibeinigen Tieres richtete sich vehement auf die wichtigste Tätigkeit, die es zu erfüllen gab: die Beschaffung und Zubereitung der täglichen Nahrung und den Umgang damit. Erst nachdem diese Bedürfnisse gestillt waren, konnten die weiteren Feinheiten, Hierarchien, spirituellen und materiellen Fähigkeiten, sich in der Natur zurechtzufinden, definiert und praktisch angewendet werden.

Eine Besonderheit in der Entwicklung der Menschheitsgeschichte ist die, dass schlechte Nachrichten, Katastrophen und Kriege in allen Erinnerungen einen hervorgehobenen Stellenwert besitzen. Es sind Warnungen, aus Fehlern der Vergangenheit zu lernen. Es gilt, die Anzeichen bevorstehenden Unglücks zu deuten, um sich davor zu schützen. Da aber die gastronomische Sichtweise im Grunde genommen immer positive Inhalte mit sich bringt, ist sie weitgehend frei von Warnungen. Beschreibungen von grässlich angebranntem Milchreis, schimmelnden Früchten oder verkohlten Rehrücken sind durchaus vorhanden, aber die zu ergreifenden Maßnahmen dagegen werden auch gleich mitgeliefert. Scheitern als positive Erfahrung. »Wird nicht nochmals vorkommen!« Das Missglückte ist nicht von substanzieller Bedeutung.

Natürlich ist alle Geschichtsschreibung eine Lehre für die Nachgeborenen. Dass die Herrschaft der Mächtigen immer wieder zu unheilvollen Verirrungen führt, liegt nicht in der Verantwortung des Einzelnen. Gerade deshalb benötigen wir diese Mahnungen aus der Vergangenheit. Große Ideengebäude zur Überwindung der gewaltigen Verwerfungen innerhalb der menschlichen Familie sind immer wieder entworfen worden. Religionen und ideologische Konstrukte haben gewaltige wirtschaftliche und oft auch spirituell grundierte Regelwerke geschaffen, die in eine Vorherrschaft ihrer Vertreter mündeten. Blutige Auseinandersetzungen sind die sichtbaren Spuren. Am Ende haben sich die genannten Ideologien praktisch darin manifestiert, im rechthaberischen Ringen um Hegemonie ganze Völker in Abgründe zu reißen. Als Individuen sind wir Opfer dieser Machenschaften.

Wenn nun zeitgenössische Sozialwissenschaftler die Ausbreitung einer individualistischen Lebenshaltung innerhalb der letzten Jahrzehnte beklagen, möchte ich darauf hinweisen, dass individualistische Haltungen von Einzelnen nicht Ursache waren für die umfangreichen Gemetzel und Unterdrückungen der letzten Jahrhunderte, sondern dass es immer eines geknechteten und irregeführten Kollektivs bedurfte, um Menschen gegeneinander aufzuhetzen.

Warnungen vor Fehlentwicklungen sind weiterhin angebracht – und mein kleiner, eher küchenphilosophischer (meiner Profession entsprechender) Ausflug ist gewiss auch vereinfachend. Doch der Hinweis auf den kleinsten gemeinschaftlichen Nenner, den der Homo gastronomicus kennt, muss festgehalten werden: Es ist das Grundbedürfnis des friedliebenden Menschen, sich gut zu ernähren, sich selbst zu verwirklichen und gleiches Recht für alle zu fordern. Dieses Bedürfnis findet im Übrigen auch seinen Ausdruck in der allgemeinen Erklärung der Menschenrechte, die zu den edelsten Errungenschaften der jüngeren Zeit gehört. Und so eröffne ich mein Plädoyer für ein Gesellschaftsmodell, das den einfachen Titel »Das gute Leben« trägt.

Das »gute Leben« folgt Gedanken, die ihren jahrhundertealten Ursprung bei den indigenen Völkern der Anden Südamerikas haben.

»Sumak Kawsay« ist ein Begriff aus der Sprache der Kichwa. Man kann ihn übersetzen mit »gutes Leben« oder auch »auskömmliches Leben«. »Sumak Kawsay« basiert nicht auf überlieferten Schriften, die mit denen des Alten und Neuen Testaments oder dem Koran verglichen werden können. »Sumak Kawsay« ist die Essenz der indigenen Kosmovision. Es geht hier nicht darum, etwas in der Zukunft zu erreichen, etwa mehr Wohlstand oder das Himmelreich nach dem Tod. Es geht um Gegenwart. Um ein Jetzt mit spirituellen Inhalten. Wer einen Vergleich mit bekannterem spirituellen oder religiösen Gedankengut sucht, findet ihn am einfachsten im Buddhismus. Verehrt wird bei den Indigenen Südamerikas in erster Linie die »Pacha Mama«, die Mutter Erde. Die Natur, die uns umgibt, ist heilig. Als Menschen sind wir Teil davon. Natur, also Grund und Boden, Licht und Luft privat besitzen zu wollen, ist nicht nur verboten, sondern nicht möglich. Für einen Indigenen ist die Inbesitznahme von Natur eine absurde Vorstellung, die in seiner Betrachtung der Welt keinen Sinn ergibt. Menschen können sich Besitz nur über erarbeiteten Verdienst, über Ernte oder Jagdbeute sichern.

Der Mensch als Partikel einer unteilbaren Einheit ist aufgefordert, aus Bestehendem das Beste zu machen. Harmonie ist eines der Schlüsselwörter dabei: die Harmonie unter den Mitgliedern einer Gruppe, aber und vor allem im Zusammenleben mit der Natur, mit »Pacha Mama«. Das Ziel ist das Wohlergehen, die Zufriedenheit aller. Dabei dürfen die Rechte und Freiheiten anderer Mitglieder nicht beschnitten oder gar eingeschränkt werden. Nur so kann es eine materielle, spirituelle und soziale Zufriedenheit geben, die einvernehmlich, auskömmlich und friedfertig ist.

In der Präambel der ecuadorianischen Verfassung vom Oktober 2008 heißt es:

»Decidimos construir una nueva forma de convivencia ciudadana, en diversidad y armonía con la naturaleza, para alcanzar el buen vivir, el sumak kawsay.« »Wir beschließen, eine neue Form des Zusammenlebens der Bürger in Vielfalt und Harmonie mit der Natur zu errichten, um ein gutes Leben zu erreichen, das Sumak Kawsay.«

Schön wäre es, wenn sich die ecuadorianische Regierung an diese Vorgabe halten würde. Dem ist nicht so. Im Sog neoliberaler Verstrickungen und Abhängigkeiten geht das »heilige Prinzip« des »Sumak Kawsay« unter. Die Natur als quasi oberste Instanz des Zusammenlebens sämtlicher Lebewesen zu akzeptieren, ist unvereinbar mit dem ewig währenden wirtschaftlichen Wachstum, dem sich der Kapitalismus verschreibt, in welcher Verkleidung er auch auftritt. Adam Smiths Jünger wenden sich folgerichtig schaudernd vom »Sumak Kawsay« ab. »Kommunismus!«, tönt es hier, »Sozialismus!« dort, und damit ist Schluss mit lustig. Freundlicher wird das Streben nach »gutem Leben« einfach als politische Utopie abgetan. Und Utopien sind etwas für Bettnässer und andere Hasenfüße, nicht wahr?

Aber regelt denn der Markt ein auskömmliches Leben? Sehen wir nicht gerade in den Tagen der Corona-Pandemie, wie das herrschende ökonomische Weltbild bröckelt und mancherorts zerfällt?

Eine Weltanschauung, die den Prinzipien des »Sumak Kawsay« folgt, bietet Platz für jede individuelle Ausformung, sei es die einer Gruppe, einer Nation oder jedes Einzelnen. »Unmöglich«, tönt es empört aus rechten wie auch aus linken Ecken. »In einer modernen Industriegesellschaft sind diese altmodischen Prinzipien nicht anwend- und nicht durchführbar.«

Allerdings haben sich die klugen Köpfe der abendländischen Philosophie immer mit der Frage nach dem »guten Leben« befasst. Es gibt Berge von Literatur, von wortreichen und überzeugenden Schriften dazu, die allerdings den indigenen Ursprung von »Sumak Kawsay« kaum oder gar nicht kennen. Ich empfehle daher für Interessierte ein Buch von Alberto Acosta, das 2015 in deutscher Übersetzung erschienen ist: »Buen vivir: Vom Recht auf ein gutes Leben.« (Acosta ist einer der Väter der Verfassung Ecuadors – und mittlerweile eine politische Unperson.) Die Publikation dieses Werks war gewiss auch möglich, weil es in den letzten zwei Jahrzehnten eine Inflation von Büchern zum Thema »Lebenskunst« gegeben hat, die sich sogar zu veritablen Bestsellern entwickelt haben.

Nun, ich bin kein Philosoph, sondern ein Koch – und mich interessiert in erster Linie der Homo gastronomicus. Ich schreibe ihm eine naturgegebene Zugehörigkeit zum guten Leben zu. Denn was ist naturverbundener als das Sein, Werden und Vergehen von Lebensmitteln, die ihre Herkunft Flüssen, Meeren,

Wiesen, Wäldern und Feldern verdanken? Die durch den Menschen hindurch gehen und als Dünger zurück zu neuem Wachsen führen? Doch die industriellen Anbauflächen von Getreide, die grausamen Zuchtgefängnisse von Tieren und das Herstellen von wachsartigen Schutzüberzügen aus Erdöl für Käse haben mit natürlichen Kreisläufen nichts zu tun. Mit Sicht auf die Landwirtschaft heute müsste ein indianischer Krieger zur Lanze, zum vergifteten Pfeil greifen, wenn er sähe, in welchem Umfang Boden, Fauna und Flora entstellt worden sind. Die Schöpfung wird missbraucht und gefoltert. Felder, auf denen kein Insekt mehr überleben kann, Tiere, die, ihrer Rechte total beraubt, als schmerzschreiende Fleischklumpen in den Schlachthof geschleppt werden, allen Inhalts beraubte Getreideähren, die, dreimal dicker als normal, nur noch Gluten enthalten.

Gegen jede Vernunft und gegen die Natur wüten verantwortungslose, nur an Soll und Haben orientierte Manager. Ihre Machenschaften hinterlassen Tod und Verwüstung, Krankheit und Armut und bieten uns am Ende mit Zucker gesättigte Schlachtabfälle in bunten Farben an: Gummibärchen als Symbole fehlgeleiteter Wünsche!

Längst ist es erwiesen, dass Kleinbauern auf Höfen mit gemischter Vieh- und Ackerwirtschaft einen höheren Ertrag erwirtschaften als Bauern, die sich dem maschinellen Getreideanbau verschrieben haben. Verkauft wird auf bäuerlichen Märkten und über eine lokal aufgebaute, handwerklich orientierte Vertriebs- und Verarbeitungsstruktur. Einmal mehr: Bäcker verarbeiten lokales Mehl, Metzger schlachten tiergerecht aufgezogene Tiere im eigenen Rhythmus und auf den Höfen, Gemüse kommt von den umliegenden Feldern. Dass das geht, ist längst bewiesen. Hofläden, Dorfmärkte sind von Konsumenten gefragte, höchst gesellige Einrichtungen. Die Automaten, die in Bahnhöfen, Flughäfen und auf öffentlichen Plätzen kulinarische Massenware anbieten, sind es nicht. Es muss nicht immer bio sein, mit dem Begriff »bio« wird auch Schindluder getrieben, doch für erkennbar bessere Produkte als beim Großverteiler ist der Kunde, der Homo gastronomicus, gerne bereit, mehr zu bezahlen. Denn er bekommt nachvollziehbar auch ein »Mehr« für sein Geld.

Stimmt, das alles ist bewiesen, abgerechnet und gegessen. Da kann der international agierende Konzern seinen Aktionären noch so viele Dividenden auszahlen. Die Maus beißt den Faden nicht ab. Kleingewerbe ist wirtschaftlicher!

In Idaho wurde die gesamte Agrarkultur eines amerikanischen Bundesstaates gegen die Wand gefahren. Dies, weil der globalisierte Handel genormte Produkte in Massen benötigt, um die Kaufsklaven weltweit mit ungesundem, nährwert- und sinnentleertem Abfall zu versorgen.

Wir fressen den in seinen eigenen Exkrementen aufgezogenen Zuchtlachs aus Norwegen, die hormongesättigte Leberwurst, das über Monate schimmelfreie Weißbrot aus reinem Gluten. Die Kids werden fett, den Erwachsenen wird es schlecht und die Alten haben zu den 36 Medikamenten pro Tag noch eine Tagesration von Vitaminpillen, schwarzem Knoblauch und Antioxidantien. Für Nahrungsergänzungsmittelschwachsinn, der in den meisten Fällen keine oder nur marginale Wirkung zeigt, werden in Deutschland pro Jahr über eine Milliarde Euro ausgegeben. Fröhliche Menschen lachen in Internetforen oder auf Zeitungsinseraten, weil sie Allergien besiegt haben, die es früher gar nicht gab. Ein ins Bewusstsein gerücktes Immunsystem zu stärken, freie Radikale zu eliminieren oder schlicht schlank zu werden, wird als neue Bestimmung der Nahrungszufuhr angepriesen. Dank rezept-, aber nicht kostenfreier Kapseln, Tropfen oder schäumenden Wässerchen sollen Darm, Magen und Lunge funktionieren wie bei Engeln. Es ist inzwischen so weit gekommen, dass wir vor Freude quietschen, wenn wir wieder eine neue Spielart von Gesundheitsverhinderung erkannt und gebannt haben. Das lassen Mann und Frau sich etwas kosten. Nicht zuletzt kann man auch die Nachbarn und Freunde mit seinem virtuell erworbenen Expertenwissen zu Inkontinenz und Zipfelschwäche beeindrucken. Längst haben wir lieber bunte Flunkereien als nackte Wahrheiten. Ja, wir wollen über den Tisch gezogen werden. Und eine perfekt gestylte Frau erklärt uns, dass es wichtig sei, den Mund jeden Morgen mit einer leichten Chloritlösung zu desinfizieren – wobei diese »Expertin« vor allem jung, schön und immer gut gelaunt sein muss. Freiwillig stecken wir jetzt unser Zünglein in eine grüne Plastikflasche mit Rohrreiniger und küssen niemanden mehr, der das nicht tut.

Die Covid-19-Pandemie hat uns vorgeführt, wie weit wir uns bevormunden lassen. Im Dschungel von Halbwahrheiten, Spekulationen und Panikmache ist klar geworden: Der Nasenring, an dem wir geführt werden, sitzt fest. Wir sind bestens dressiert. Eigener Geschmack ist (wie eigene Gedanken zu haben) zu einem raren Gut geworden. Auch der radikalste Rebell isst gerne ein Mars, um dank Zuckerzufuhr mobil zu sein. Wegen der Energie, die ihn sogleich überkommt. Es ist zum Heulen. Die Beutelschneider und Einsacker haben sich den Weg zu unseren Wurzeln gebohrt und nagen an unserer Lebensenergie, während wir an aus Stroh und Textilabfällen gefertigten Keksen knabbern. Dafür geben wir Geld aus.

Wir müssen nicht kämpfen, niemanden erschießen oder ins Gefängnis werfen. Wir müssen nicht Atomendlager mit Sitzstreiks verhindern wollen, wir müssen auf nichts verzichten, keine Not und Angst leiden, keine Gewalt anwenden. Wir müssen nur einfach nicht mehr mitmachen. Der Homo gastronomicus ist bestens ausgestattet, um immer und überall zu leben und zu überleben. Aber das Hirn müssen wir einschalten. Uns aus der Knechtschaft derer befreien, die unser Blut saugen.

Wenn man erst damit begonnen hat, die schädlichen suchtgesteuerten Angebote zu verweigern, wird der nächste Schritt leichter. Indem man den Gelüsten des echten Homo gastronomicus nachgibt und sie ernst nimmt, lösen sich von selbst die Knoten, öffnen sich Türen. Küchentüren.

»Ab in die Küche!«, sagt Franz Keller, Meisterkoch und Hedonist. Recht hat er. Nicht die Zügel, sondern die Pfannen und Töpfe muss man selbst in die Hand nehmen. Das gute Leben kommt mit dem guten Essen.

Gastronomen aller Länder, vereinigt euch!

# Franz Keller

David Höner habe ich erst vor gut zwei Jahren kennengelernt, aber wir mussten uns nicht lange beschnuppern, um uns anzufreunden. Ja, ich hatte sein Buch »Kochen ist Politik« gelesen und er mein Buch »Vom Einfachen das Beste«, sodass wir beide schon vor unserer ersten Begegnung so etwas wie Brüder im Geiste waren. Ich hatte schon lange Schluss gemacht mit der Sterneküche, der ich mich viele, auch sehr schöne Jahre meines Lebens verschrieben hatte. Eine Erfahrung, die ich nicht missen möchte, aber auch nicht vermisse. Ich bin heute viel näher bei mir selbst und meiner Idee einer Küche, die auf den denkbar besten Grundprodukten basiert. Deshalb habe ich den Sternenhimmel gegen die Gummistiefel auf meinem Falkenhof eingetauscht, wo meine Rinder und Schweine ein gutes und artgerechtes Leben haben und mir dafür ihr wunderbares Fleisch schenken. Das ist unser Deal.

Als David dann eines Tages mit unserem gemeinsamen Verleger Markus J. Karsten auf dem Falkenhof vorbeikam, saßen wir ziemlich schnell (und auch recht lange) an meinem großen Küchentisch. Ich ziehe wirklich den Hut vor diesem Kerl, der als gelernter Koch in vielen Küchen der Welt unterwegs gewesen ist und sich auch als Journalist und Autor durchgeschlagen hat, bis er dann eines schönen Tages mit Freunden die Idee der »Küche ohne Grenzen« entwickelt und zum Leben erweckt hat. Seither versucht er mit großem Erfolg, Menschen in den Kriegs- und Krisenregionen dieser Welt beim Kochen und Essen zusammen und ins Gespräch zu bringen. Krieg und Kriminalität, erzählte David damals, zerstören sehr häufig komplett die sozialen Strukturen und dann fehlen ganz einfach die Orte, an denen man sich begegnen und austauschen kann. Oder wie er selbst das zusammengefasst hat: »Der beste Ort für Gespräche ist ein offenes Gasthaus.« Davon muss er mich nicht überzeugen.

Mit dieser ganz konkreten Art der Küchendiplomatie leistet David Höner Entwicklungshilfe im besten Sinne: Er hat den Ärmsten der Armen seine »Friedensküche« gebracht und bis heute verbringt er viel Zeit des Jahres in Ecuador, um dort junge Frauen und Männer zu Köchen auszubilden. David Höner kann auch eine Menge über die gravierenden Folgen unserer völlig aus dem Ruder gelaufenen industrialisierten Lebensmittelproduktion erzählen, unter denen die Menschen in Südamerika leiden, wo beispielsweise in gigantischen Monokulturen das Soja für unsere Mastfabriken angebaut wird. Und warum? Damit wir uns hier mit schlechtem Billigfleisch den Bauch vollstopfen. Gleichzeitig ist falsche Ernährung mittlerweile die Todesursache Nummer eins in Deutschland. Das ist doch verrückt! Kochen ist Politik – da hat David Höner recht und es wird höchste Zeit, dass wir die Kontrolle über unsere Ernährung wieder selbst in die Hand nehmen, ganz egal ob wir dabei an unsere Gesundheit denken, an die Klimakrise oder das weltweite Artensterben. Wir müssen jetzt umdenken und umsteuern, und da ist Essen ein guter Anfang.

Damals, bei unserer ersten Begegnung, hat mir David schon erzählt, dass er über ein »kulinarisches Manifest« nachdenkt, in dem er die Herausforderungen benennt, vor denen wir stehen, aber auch die massiven Probleme, auf die wir Köche heute stoßen. All diese großen und kleinen Fragen hat er im Gedanken- und Erfahrungsaustausch mit einigen großartigen Kolleginnen und Kollegen diskutiert, die wie er zornig auf die Früchte der Globalisierung blicken, die keinem schmecken und Millionen von Menschen ins kulinarische Niemandsland jagen.

Für ihn, sagte er, sei es an der Zeit, ein Zeichen zu setzen, die elementaren Sünden einer betriebswirtschaftlich organisierten Gastronomie und einer verrückt gewordenen Lebensmittelindustrie zu benennen, die grundlegenden Fehler politisch Verantwortlicher anzuprangern und uns Köchen eine Perspektive zu geben, die unseren Beruf wieder mit seiner Berufung zusammenbringt.

Inzwischen hat David Höner sein Manifest geschrieben. Es muss und soll nun in die Welt, und viele von uns Köchen und Gastronomen begleiten es mit Zustimmung und großer Sympathie. Es ist wohl Zeit, dass wir mal wieder auf die Barrikaden steigen, also: »Köche, hört die Signale!«

Verlag und Autor bedanken sich bei Romana Echensperger, Maria Groß, Franz Keller, Sandra Knecht, Robert Mangold, Birgit Reitbauer und Eckart Witzigmann für ihre Beiträge zu diesem Buch. Die Rechte an ihren Texten liegen bei den Autorinnen und Autoren.



Einbandmaterial von peyer graphic gmbh DOUBLESSE sowie SURBALIN

Mehr über unsere Autoren und Bücher:
www.westendverlag.de

Die Deutsche Nationalbibliothek verzeichnet diese Publikation in der Deutschen Nationalbibliografie; detaillierte bibliografische Daten sind im Internet über http://dnb.d-nb.de abrufbar.



FSC
www.fsc.org
MIX
Papier aus verantwortungsvollen Quellen
FSC® C014889

ISBN 978-3-86489-139-7

Umschlag und Kapiteltrenner: Buchgut, Berlin
Satz: Publikations Atelier, Dreieich
Druck: Pustet, Regensburg
Printed in Germany